Les cavaliers

1er partie (t.)

Ponson du Terrail

Alpha Editions

This edition published in 2024

ISBN : 9789362516015

Design and Setting By
Alpha Editions
www.alphaedis.com
Email - info@alphaedis.com

As per information held with us this book is in Public Domain.
This book is a reproduction of an important historical work. Alpha Editions uses the
best technology to reproduce historical work in the same manner it was first
published to preserve its original nature. Any marks or number seen are left
intentionally to preserve its true form.

Contents

CHAPITRE PREMIER I ....- 1 -

CHAPITRE DEUXIÈME II ....- 9 -

CHAPITRE TROISIÈME III..- 26 -

CHAPITRE QUATRIÈME IV ....- 38 -

CHAPITRE CINQUIÈME V...- 43 -

CHAPITRE SIXIÈME VI..- 49 -

LE GANT DE LA REINE I..- 51 -

CHAPITRE DEUXIÈME II ....- 62 -

CHAPITRE TROISIÈME III..- 66 -

CHAPITRE QUATRIÈME IV ....- 73 -

CHAPITRE PREMIER
I

—Quelle nuit sombre, quelle orage!... Maître, ne chercherons-nous point un abri, castel ou chaumière, où nous puissions attendre le jour le verre et les dés en main?

—Que me font la nuit et l'orage!

—Maître votre manteau ruisselle et les bords de votre feutre sont aussi détrempés que la route où nous chevauchons. Le vent en a brisé la plume; votre cheval se cabre à la lueur de la foudre, et le rugissement de la mer fait frissonner le mien sous moi.

—La bise séchera mon manteau; je remplacerai ma plume brisée; et quant à nos chevaux, si le tonnerre et les rugissements de la mer les épouvantent, s'ils refusent d'avancer, nous mettrons pied à terre, et nous continuerons notre chemin a pied.

—Maître, maître, au nom de Dieu!....

—Dieu veille sur ceux qui le servent. Mais souviens-toi qu'un éperon de fer est vissé à ta botte.... L'heure s'avance,—on nous attend!

Ce dialogue avait lieu sur une route de Bretagne, courant en rampes brusques et raboteuses entre une forêt et une falaise déserte, au pied de laquelle la mer déferlait pendant une nuit orageuse du mois d'août 1572.

La pluie tombait en tourbillonnant au souffle du vent, et les éclairs déchiraient la voûte noire du ciel. La forêt, située à droite de la route, inclinait sous l'effort de la tempête les hautes cimes de ses noirs sapins, qui jetaient, comme un lointain et lugubre écho, leurs gémissements et leurs craquements confus aux voix courroucées de l'Océan.

Les deux cavaliers cheminant ainsi par ce sentier désert, et dont les montures frémissaient à chaque éclat du tonnerre, venaient de bien loin sans doute, car la pluie qui ruisselait depuis deux ou trois heures, n'avait pu parvenir à laver la boue de leurs manteaux. Celui des deux cavaliers qui parlait la voix haute, avec l'accent impérieux du maître, était un jeune homme solide et campé sur sa selle comme un preux du moyen-âge.

Quand un éclair déchirait la nue, on pouvait distinguer la belle et martiale figure d'un homme de vingt-quatre à vingt-cinq ans, avec un teint brun, une barbe noire pointue, de fines moustaches retroussées, une lèvre insouciante et railleuse, de longs cheveux bouclés, malgré la mode du temps, qui les voulait rasés.

La longue épée du jeune cavalier rebondissait sur les flancs de son cheval; son manteau court, sans broderies, était fièrement attaché sur son épaule; son feutre, tout détrempé qu'il fût, cavalièrement incliné sur son oreille gauche.

C'était un beau jeune homme chevauchant le poing sur la hanche et la tête haute malgré l'orage, la foudre et le vent.

Son compagnon était un gros homme de près de quarante ans, déjà grisonnant, ventru, pleurard, qui, à en juger par ses plaintes récentes, eût préféré de beaucoup le plafond enfumé et les pots d'étain d'une taverne à ce voyage nocturne à la suite du gentilhomme auquel il servait d'écuyer.

—Allons! maître fainéant, reprit le cavalier après un moment de silence, essuie ton front et donne une accolade à cette gourde à large panse qui roule et rebondit sur ton dos; elle te conseillera la patience...

—Nous venons de si loin! murmura l'écuyer lassé.

—Corbleu! si nous venons de loin, c'est une bonne raison pour ne pas nous décourager au terme du voyage. La tour de Penn-Oll est proche, nous a-t-on dit; c'est là que nous allons.

—Si elle était si proche que vous le dites, maître, nous la verrions à la lueur de ces éclairs.

Le gentilhomme haussa les épaules et ne répondit pas; puis il poussa vigoureusement son cheval qui prit le trot.

Au bout de cent pas, la route fit un coude et se trouva suspendue sur le bord de la falaise qui surplombait sur une mer en courroux.

Le vieil océan était beau de colère et de majesté! Les rocs de la grève, les cavernes sous-marines retentissaient sous son clapotement; ses lames couronnées d'une écume blanche, hérissées d'une gerbe d'étincelles phosphorescentes, galopaient vers la terre, mugissantes et échevelées, comme des troupeaux de buffles sauvages qui fuiraient quelque fleuve débordé dans l'Amérique du Nord.

Là, le cavalier arrêta court sa monture, et sa silhouette noire apparut entre le ciel et la mer, ayant une pointe de rocher pour appui. Et sous le poids sans doute d'une pensée tenace, oubliant son écuyer qui, lui aussi, s'était arrêté pour avaler une gorgée de vin, il sembla se parler à lui-même et murmura:

—Non, jamais les vagues molles des mers d'Italie n'eurent pareils rugissements, jamais le golfe napolitain ne déploya si majestueuse fureur... O vieil Océan! c'est bien toi que j'ai entendu dans mon enfance, quand tu m'éveillais dans cette demeure vermoulue dont tu rongeais patiemment la base. C'est bien toi que j'ai vu, tantôt d'un gris terne, tantôt noir comme le ciel qui nous couvre tous deux, toujours avec ta crinière écumante que tu jettes, ainsi qu'un défi, à ce même ciel qui t'impose sa couleur!

C'est bien cette grève désolée sur laquelle j'ai couru tête nue; c'est bien cette lande aride dont les ronces ensanglantaient mes pieds...

J'avais oublié le nom de mon pays, comme le mien, comme celui de mon père; je sais maintenant le premier; dans deux heures, je saurai les autres!

Et il éperonna de nouveau son cheval et repartit, pressant du genou les flancs essoufflés du noble animal, et lui communiquant cette impatience fébrile du voyageur pressé d'arriver.

Le chemin qu'il suivait se bifurquait un peu plus loin, ou du moins il était rejoint par un autre qui venait de l'intérieur des terres et sortait d'une coulée de châtaigniers et de sapins.

Au moment où notre gentilhomme arrivait à ce point de jonction, un autre cavalier l'atteignait aussi par la route intérieure.

Celui-là était tout seul; mais, comme le premier, et autant qu'on en pouvait juger au travers des ténèbres, c'était pareillement un gentilhomme, jeune, hardi, portant bien son feutre et son manteau et possédant, lui aussi, une bonne rapière à poignée d'acier tordu et des pistolets dans ses fontes.

Celui-ci, parvenu le premier à l'embranchement des deux sentiers, s'arrêta et parut hésiter, puis apercevant les deux cavaliers qui venaient sur lui, il leur cria:

—Holà, messeigneurs! vilains ou gentilshommes, qui que vous soyez, parlez-vous une langue chrétienne, italien, français ou espagnol?

Et il s'exprimait en français avec une nuance d'accentuation alsacienne.

—Oui, répondit le premier cavalier dans la même langue, mais avec l'intonation italienne. Que désirez-vous?

—Je désire savoir lequel bout de ce chemin, du nord ou du sud, conduit à la tour de Penn-Oll?

—J'y vais, messire, et si vous me voulez suivre...

—Volontiers, mon gentilhomme, car je me suis égaré deux fois déjà, je viens de loin et l'heure me presse.

—Vous venez de loin? dit le premier cavalier en tressaillant.

—Oui, messire.

—Puis-je vous demander de quel pays?

—Sans doute. Je viens de Lorraine: de la cour du duc de Guise.

—Ah! fit le premier cavalier intrigué, et vous allez à la tour de Penn-Oll?

—On m'y attend à minuit précis.

Le premier cavalier tressaillit de nouveau.

—C'est comme moi, dit-il. Et je viens pareillement de loin.

—D'où venez-vous?

—De Naples.

—Et vous allez à Penn-Oll?

—Oui, messire.

—Sang-Dieu! mon gentilhomme, puisqu'il en est ainsi, peut-être m'expliquerez-vous un mystère.... J'ignore mon pays, je porte un nom de hasard. Je suis écuyer de monseigneur le duc de Mayenne, j'avais quatre ou cinq ans quand je quittai la demeure paternelle, je ne sais pourquoi, je ne puis m'expliquer comment: un nuage s'étend sur mon souvenir.

Il y a quinze jours un inconnu a placardé, à la porte de mon logis, une lettre avec son poignard. Cette lettre contenait...

—Peut-être ces mots, interrompit le premier cavalier: «Si vous voulez savoir votre nom, le nom de votre pays, et les grandes choses que vous réserve la destinée, prenez sur-le-champ la route de Bretagne, et trouvez-vous, le 17 du mois d'août, le douzième coup de minuit sonnant, à la porte de la tour de Penn-Oll.»

Le cavalier poussa un cri.

—Vous savez donc, dit-il, vous connaissez celui qui m'a écrit?

—Pas plus que vous. J'ai reçu une lettre semblable à la vôtre, et comme la vôtre je l'ai trouvée clouée à la porte de mon logis avec la dague que voilà.

—C'est étrange! murmura le cavalier. Ainsi, comme moi vous ignorez votre pays?

—Non, fit vivement le gentilhomme, je viens de le reconnaître. Mon pays, c'est la Bretagne. Cette mer que voilà, je m'en souviens maintenant, cette grève que nous foulons, je l'ai parcourue les pieds nus, les cheveux au vent...

Le cavalier qui venait de Lorraine, ainsi que l'avait fait naguère le Napolitain, arrêta court son cheval, lui tourna la tête vers l'Océan; examina les vagues moutonnantes, puis la falaise à pic, puis la grève déserte, puis la forêt sombre où le vent sanglotait;—il laissa une minute glisser la bride de sa main, porta cette main à son front, sembla lire dans son souvenir, interroger les échos lointains et les tableaux brumeux du passé, et enfin, il s'écria:

—Moi aussi! moi aussi, je te reconnais mer qui grondait dans ma tête, quand j'essayais de me rappeler les jours éteints, je vous reconnais bien aussi falaise escarpée, grève rocailleuse, forêt chevelue, vent impétueux qui en courbe les cimes!

—Vous aussi! fit le Napolitain... Oh! c'est plus qu'étrange!

—Ecoutez, continua l'écuyer du duc de Mayenne, je commence à me rappeler la demeure paternelle: c'était un vieux château, un château qui tombaient en ruines... l'Océan l'entourait...

—Vous souvient-il de votre père? interrompit le Napolitain, dont la voix tremblait.

—Oui, oui, fit vivement le Lorrain; c'était un homme de haute taille, déjà blanc de cheveux et de barbe, mais dont l'œil brillait comme un reflet d'épée au soleil.... Il était vêtu de noir.... Il avait une plume noire à son chapeau....

Le cavalier napolitain poussa un nouveau cri:

—Cet homme était votre père? s'écria-t-il.

—Et, continua le Napolitain dont la voix tremblait de plus en plus, ne vous souvient-il pas maintenant que vous aviez des frères?

—Des frères?

Le Lorrain passa de nouveau la main sur son front...

—Oui, balbutia-t-il, il me semble... Nous étions quatre, j'étais le plus petit... car les autres me portaient...

—Oh! fit soudain l'Italien dont l'émotion couvrit la voix: le voile du passé se déchire.... Je me souviens... Tu es mon frère!

Et, poussant un même cri, les deux cavaliers se jetèrent à bas de leurs chevaux, et aux éclats de la foudre, aux lueurs des éclairs, s'étreignirent et se donnèrent un baiser.

—Frère! dit alors le Napolitain, l'heure marche! A cheval! on nous attend!

Ils se remirent en selle et continuèrent leur route côte à côte, la main dans la main, ainsi qu'il convient à deux rejetons du même arbre que la tempête a longtemps séparés, et dont un nouveau caprice de la tempête réunit enfin les rameaux. Tout à coup, une bouffée de vent leur apporta sur son aile le bruit d'un lointain galop de cheval qui retentissait parmi les voix de l'orage.

—Frère! dit le Lorrain, entends-tu?

—Oui, fit l'Italien, tournant la tête et tendant l'oreille. C'est un cavalier qui accourt bride abattue.

—Frère, nous étions quatre, peut-être est-ce l'un de nos frères!

—Qui sait? fit le Lorrain hochant la tête.

—Qui donc veux-tu qui chevauche à pareille heure, par temps pareil et dans pareil chemin, si ce n'est celui que l'heure presse, que la destinée pousse, que le prestige ardent de l'inconnu attire?

—C'est juste, dit le Lorrain.

Et tous deux mus par la même pensée, s'arrêtèrent, écoutant, anxieux, le galop qui se rapprochait.

Bientôt une silhouette noire se dessina sur le sillon blanc du chemin, puis cette silhouette cria:

—Holà! cavaliers?

—Qui êtes-vous? répondit l'Italien frémissant.

—Un gentilhomme espagnol qui a nom don Paëz.

Le Lorrain tressaillit.

—Ce n'est pas notre frère, murmura-t-il.

—Que demandez-vous?

—Mon chemin.

—Où allez-vous?

—A la tour de Penn-Oll.

—Nous y allons... venez avec nous...

L'Italien tremblait en parlant:

—Mon gentilhomme, reprit-il au moment où le cavalier arrivait sur eux, vous nommez-vous bien don Paëz?

—Oui certes, car c'est moi qui me suis donné ce nom.

—Et... vous n'en avez pas d'autre?

—Je le saurai dans une heure!

Un double cri échappa aux poitrines oppressées des deux gentilshommes.

—C'est lui! murmurèrent-ils.

—Qui lui! fit le nouvel arrivant.

—Notre frère, dit le Lorrain, en lui tendant les bras par-dessus le col de son cheval. Frère, te souvient-il du manoir paternel?... Te souviens-tu d'une vieille salle aux plafonds écussonnés, d'une tour écroulante, d'une mer furieuse qui en mordait les assises: te souviens-tu d'une grève isolée où nous étions quatre enfants, à nous défier à la course?

—Oui, dit l'Espagnol.

—Reconnais-tu cette mer, cette grève? Vois-tu dans l'éloignement cette masse gigantesque qui se dresse plus noire que la nuit d'alentour?... Frère, frère, te souvient-il?

Comme les deux autres, le troisième cavalier tourna la tête de sa monture vers la mer, puis vers la forêt, puis vers la masse gigantesque aperçue par le Lorrain...

Comme eux il interrogea le passé, la main sur son front, et il cria comme eux:

—Oui, je me souviens! Frères, salut!

—Hâtons-nous donc! ajouta-t-il, car minuit sonnera bientôt et on nous attend!

Et alors ils labourèrent de l'éperon les flancs haletants de leurs chevaux, et ils galopèrent vers la tour de Penn-Oll qui commençait à apparaître au travers des brumes, et qu'un éclair leur montra tout à coup solitaire sur sa base de rochers, séparée du continent par un étroit bras de mer.

Vingt minutes après ils étaient en face d'elle, n'ayant plus pour l'atteindre que le bras de mer à franchir.

—Maître, grommela alors l'écuyer du gentilhomme italien, je ne vois de barque nulle part.

—Nos chevaux nagent.

—Maître, la mer est si mauvaise...

—Ecuyer maudit, répondit le gentilhomme, si tu crains la mort, demeure sur la grève... tu n'as point de secret à apprendre... et je n'ai nul besoin de toi!

Et il lança bravement son cheval à la mer.

L'animal se cabra, recula frissonnant, mais l'éperon déchira son flanc, et furieux, ensanglanté, il se jeta à la rencontre des vagues, hennissant de douleur.

Le Lorrain et l'Espagnol suivirent leur frère.

L'écuyer hésita longtemps, mais la pluie tombait toujours... et sa gourde était vide!

Il ôta son chapeau, fit un signe de croix, invoqua la madone napolitaine, et suivit les trois gentilshommes.

L'Océan essaya bien de rugir et de rejeter à la côte ces hommes assez téméraires pour la braver ainsi; mais ces hommes étaient de forte et fière trempe,—et ils fendirent les lames, et après quelques minutes d'une lutte terrible, l'ongle de fer de leurs étalons grinça sur le roc glissant et poli qui supportait la tour de Penn-Oll. Cette tour était tout ce qui restait d'une antique demeure féodale.

La vague avait passé sur les décombres du reste.

—Frères! dit alors le cavalier lorrain en soulevant le marteau de bronze de la porte, nous étions quatre autrefois, et nous ne sommes que trois maintenant!

—Voici le quatrième! répondit une voix venant de la haute mer.

Ils regardèrent, et aperçurent, se balançant à la crête des vagues, à cent brasses de la tour, une barque, à l'avant de laquelle se tenait tout debout un gentilhomme vêtu de noir, avec une plume rouge au chapeau.

—D'où venez-vous? Frère, d'où viens-tu?

—D'Écosse, répondit-il.

En ce moment le beffroi de la tour retentit, et sonna le premier des douze coups de minuit.

—Entrons, dit le cavalier lorrain,—laissant retomber, sur le chêne ferré de la porte, la main de bronze qui servait de marteau.

CHAPITRE DEUXIÈME
II

Le coup de marteau retentit à l'intérieur de la tour avec un bruit lugubre qui alla se répercuter en de sonores et lointains échos, tandis que minuit sonnait.

A la dernière vibration du beffroi, la porte tourna sur ses gonds et mit à découvert les ténébreuses profondeurs d'un vestibule au fond duquel blanchissaient les dalles d'un escalier à balustre de fer.

Presque aussitôt, en haut de cet escalier, une lumière brilla, éclairant la tête du vieillard, blanchie et ridée, mais dont les yeux enfermaient un rayon de jeunesse et de mâle énergie.

—Qui êtes-vous? demanda la voix chevrotante de ce vieillard.

—Des gens qui cherchent un nom, répondit l'un des cavaliers.

—D'où venez-vous?

—De loin.

—Enfin! murmura le vieillard dont l'œil flamboyait.

Puis il reprit:

—Lorraine, êtes-vous là?

—Oui, dit le cavalier lorrain.

—Naples, êtes-vous là?

—Oui, dit le Napolitain.

—Et vous, Espagne?

—Moi aussi, dit le castillan don Paëz.

—Et vous, Écosse?

Il y eut un moment de silence, puis un choc eut lieu en dehors, la barque qui se balançait peu auparavant sur les lames houleuses accosta le roc de Penn-Oll, et le quatrième gentilhomme sauta lestement à terre, entra dans le vestibule et répondit:

—Me voilà!

—C'est bien, dit le vieillard, suivez-moi.

Et il remonta les deux marches qu'il avait descendues, sa torche à la main.

L'escalier était large, les quatre gentilshommes le gravirent de front côte à côte.

Au bout de cinquante marches, ils eurent atteint le premier repos et se trouvèrent face à face avec leur guide. Alors ils reculèrent tous d'un pas, portèrent la main à leur feutre ruisselant et saluèrent ce vieillard.

Il était vêtu de noir, il était de haute taille, sa barbe était blanche et non taillée,—son feutre qu'il tenait à la main avait une plume noire.

—Mon père! exclamèrent-ils tous ensemble, et ils lui tendirent les bras avec la spontanéité passionnée de la jeunesse.

Mais le vieillard fit un pas de retraite, poussa une porte devant lui et répéta froidement:

—Suivez-moi!

Ils traversèrent, guidés par la torche du vieillard, une première salle dévastée, sans meubles, avec des boiseries vermoulues et des tapisseries de haute lice tombant en lambeaux.

Puis le vieillard ouvrit une seconde porte qui livra passage à un jet de lumière, et les quatre gentilshommes furent introduits dans une autre salle tout aussi vaste, enfumée au plafond, mais tendue de rouge écarlate et moins délabrée que la première; un feu colossal flambait sous le manteau écussonné de l'âtre, jetant de fantastiques lueurs aux tentures et au vieil ameublement gothique.

Au milieu de cette salle, sur un lit de parade, était un enfant de quatre ou cinq ans, dormant, tout vêtu, de ce profond et calme sommeil de la jeunesse. Il était habillé de velours noir et portait au col une chaîne d'or massif.

Ses cheveux d'un blond doré ruisselaient en boucles capricieuses sur la courtine rouge du lit et ses mains blanches et mignonnes, croisées sur sa poitrine, se détachaient admirablement sur le velours noir de son pourpoint.

Au chevet du lit, il y avait une femme vêtue de noir, d'une merveilleuse beauté, blonde comme l'enfant, et si jeune qu'on eût dit sa sœur aînée.

Son front pâle portait l'empreinte de la tristesse, la douleur avait creusé un pli léger aux coins de ses lèvres, et la queue de sa longue robe de crêpe, ramenée sur sa tête, annonçait qu'elle était en deuil.

Qui donc pleurait-elle?

Un anneau d'alliance passé à sa main droite et brisé selon la mode du temps, disait assez qu'elle était veuve.

A l'angle droit de la cheminée se trouvait un large et haut fauteuil de cuir de Cordoue à clous d'or.

Autour de ce fauteuil se groupaient quatre sièges pareils mais moins élevés.

Le vieillard gagna lentement le premier, s'y assit et dit:

—Seigneurs cavaliers, découvrez-vous. L'enfant qui dort ici est votre maître.

Et comme leurs regards se portaient avec curiosité sur l'enfant qui sommeillait paisiblement, le vieillard continua:

—Seigneurs cavaliers, vous êtes venus malgré la distance, malgré la tempête, sur la foi d'un billet tracé par une main inconnue, merci! vous êtes hardis, vous êtes loyaux, vous êtes Bretons!

Vous ne vous êtes point trompés, messires, en m'appelant votre père. Cette tour, cette salle vous ont vus naître, cette mer vous a bercés.

Vous avez oublié votre nom, vous ne l'avez jamais su, peut-être; ce nom, je vous le dirai tout à l'heure.

Vous êtes frères, messires, vous vous ressemblez assez les uns aux autres pour que nul n'en puisse douter en vous voyant réunis, et pourtant, malgré cette communauté de berceau, quatre pays divers, séparés par de longues distances, ont vu grandir votre jeunesse. Vous n'avez point été enlevés d'ici comme on le pourrait croire; c'est moi, moi, votre père, qui vous ai confié à quatre messagers différents; lesquels, prenant quatre routes opposées, vous ont conduits en des climats lointains, et là, feignant de vous abandonner à la merci du hasard, n'ont cessé, invisibles et muets, de veiller sur vous.

Les quatre gentilshommes se regardèrent avec étonnement.

—Don Paëz, continua le vieillard, s'adressant à l'Espagnol, quelle route avez-vous faite sur le chemin de la fortune et des honneurs?

Don Paëz s'avança au milieu de la salle, rejeta son manteau, et apparut aux yeux paternels couvert d'un riche pourpoint brodé d'or, et portant à la ceinture une épée à poignée ciselée.

—Mon père, dit-il avec la gravité solennelle des Castillans, je suis le favori du roi d'Espagne et je commande un régiment de ses gardes.

—Êtes-vous riche?

—J'ai un crédit illimité sur les caisses du roi.

—C'est bien; cela nous servira peut-être. Seyez-vous à ma droite, don Paëz, vous étiez l'aîné de mes fils et vous vous nommiez Jean.

—Gaëtano, poursuivit le vieillard, s'adressant au Napolitain, avez-vous fait fortune?

Comme l'Espagnol, le Napolitain s'avança, rejeta son manteau boueux et se montra vêtu de velours noir fané, portant fraise jaunie, épée grossièrement taillée, mais d'une garde sûre et d'une pointe vaillante, et stylet de lazzaronne sur le flanc.

—Mon père, dit-il, le roi de Naples m'a souvent confié un régiment et donné beaucoup d'or. J'ai toujours battu l'ennemi et traité comme l'ennemi l'or du roi. Le vin de Falerne, mes créanciers,—et, par les cornes de Satanas, ils sont nombreux! les dés, le jeu de paume et les femmes ont ordinairement pris soin de vider mon escarcelle. Voyez plutôt...

Et le Napolitain secoua la bourse qui pendait à sa ceinture et dans laquelle deux pistoles s'entrechoquèrent avec un maigre bruit.

—Que vous soyez riche ou pauvre, avare ou prodigue, peu m'importe! L'essentiel est que vous soyez bien en cour et qu'un jour vous deveniez puissant. Seyez-vous à ma gauche, dit le vieillard. Vous êtes le second de mes fils, et vous vous nommiez Raoul.

Et vous? continua-t-il, s'adressant au Lorrain.

—Moi, fit celui-ci, je ne suis ni pauvre ni riche, ni grand seigneur ni vilain. Quand ma bourse est pleine, mon tavernier verse du vin de Guienne et décoiffe des flacons poudreux; quand elle est vide,—et par le pied fourchu du diable! elle l'est souvent,—il remplace le vin de Guienne par du Bourgogne, et ses flacons poudreux restent en cave.

Quant au duc de Mayenne, que je sers en qualité d'écuyer, il m'aime comme son chien, son cheval et sa maîtresse. Il me sacrifiera même ces trois êtres et tous ses amis, mais il m'abandonnera aux rapières de quatre estafiers s'il sent son dîner servi et s'il a le nez chatouillé par le fumet d'une bisque de perdreaux ou d'un salmis de bécasses. En temps de famine, c'est un homme à se dévorer lui-même tout cru.

—Et le duc de Guise, son frère, comment vous traite-t-il?

—Mal; il m'accuse d'avoir été son heureux rival.

—C'est bien, messire Gontran, car c'est ainsi, je crois, qu'on vous nomme en Lorraine. Si votre crédit est mesquin, vous avez fière mine et grand air, et, en vous voyant, l'on se dit: Bon sang ne peut mentir! Allez vous asseoir sur ce dernier escabeau. Vous étiez le plus jeune et vous aviez nom Alain.

Des quatre cavaliers, trois étaient assis déjà; le quatrième, celui qui demeurait debout au seuil de la salle, enveloppé dans son manteau, pâle, hautain, était un beau jeune homme de vingt-trois ans, plus grand que les autres, blond comme ils étaient bruns, ayant dans son visage, dans sa tournure, quelques-uns des traits caractéristiques du peuple anglais.

Le plaid écossais lui tenait lieu de manteau, et la plume rouge de son feutre avait été enlevée à un coq de bruyères des monts Cheviot.

Il s'avança de lui-même et sans attendre que son père l'invitât.

—Moi, dit-il, je ne suis ni favori de roi, ni écuyer de duc. Ma bourse est légère, mon épée est lourde, et je suis un simple soldat dans les gardes de la reine d'Écosse; mais je me sens fort, messire mon père, et vous pouvez compter sur moi pour les choses grandes ou aventureuses que vous nous avez réservées. Il est inutile que vous m'appreniez mon nom, j'ai une meilleure mémoire que mes frères et je ne l'ai point oublié; je me nommais et je me nomme Hector.

Et le quatrième cavalier alla prendre place auprès des autres, après s'être incliné, comme eux, devant la jeune femme vêtue de noir et portant le deuil des veuves.

Le vieillard fit un geste d'assentiment, demeura silencieux pendant quelques instants, puis continua:

«Il fallait, messires mes fils, un motif bien puissant pour obliger un père à se priver de ses quatre rejetons et les faire élever ainsi en terre étrangère, isolés les uns des autres.

»Ce motif vous allez le comprendre:

»J'ai soixante-cinq ans, je suis Breton et l'un des derniers gentilshommes de ce pays qui se souviennent que jadis la Bretagne était un fière duché, libre de droit, ayant souverain légitime, lequel souverain était duc, comme celui de France était roi.

»Le duc de Bretagne et le roi de France marchèrent de pair aux grandes assemblées de l'Europe; ils avaient tous les deux couronne en tête et dague au flanc, éperons d'or et vaillante épée.

»Le duc ne plaçait point ses mains dans les mains du roi, en signe de vasselage,—le duc était son égal, et il l'appelait «*mon cousin.*»

»Malheureusement la loi salique n'existait pas en Bretagne; les femmes régnaient. Un jour vint où la couronne ducale des Dreux brilla au front d'une femme, et cette femme deux fois l'épouse d'un roi de France, lui vendit le trône de Bretagne, lui livra son manteau d'hermine, ses clés vierges, sa liberté, et le roi, prenant tout cela, raya le nom de Bretagne du livre des nations!

»Notre beau duché ne fut plus qu'une obscure province à laquelle on envoya un gouverneur indolent qui s'établit dans le palais ducal, et substitua au loyal et paternel gouvernement de nos souverains, le despotisme et l'exaction.

»Des gentilshommes bretons, quelques-uns s'indignèrent et s'enfermèrent derrière leurs murailles, protestant par leur silence contre cette violation du droit des peuples;—d'autre fléchirent le genou et courbèrent la tête. Ils s'en allèrent, vêtus de bure et couverts d'armes non-ciselées, les maîtres nouveaux dans leur Louvre; les maîtres nouveaux les accueillirent froidement, et leurs courtisans, qui portaient pourpoints de velours et manteaux brodés, se moquèrent de leurs grossiers habits et de leurs lourdes chaussures.

»Alors, comme la vanité humaine parle souvent plus haut que le véritable orgueil, les lâches retournèrent chez eux, vendirent leurs prés et leurs moulins, puis s'en revinrent à la cour de France, vêtus comme les courtisans, ayant riches justaucorps et collerettes de fine dentelle.

»Et puis, d'autres les imitèrent, et, moins d'un siècle après, la Bretagne tout entière était vaincue, garrotée, à jamais dépouillée de son manteau ducal. L'étoile des Dreux s'était effacée devant l'astre des Valois.

»Pourtant, la duchesse Anne était morte sans postérité; le trône de France était passé aux mains du roi François, et il eût été juste que le duché de Bretagne retournât aux rejetons de ses anciens maîtres, si ces rejetons existaient.

»Le duc François avait un bâtard, un beau gentilhomme qui se nommait Robert de Penn-Oll...»

A ce nom, les quatre cavaliers tressaillirent et jetèrent à leur père un regard éloquent de curiosité.

—Attendez, fit le vieillard d'un geste.

Et il reprit:

«Robert de Penn-Oll était un vaillant compagnon, il portait haut la tête et savait quel noble sang coulait dans ses veines. «Race oblige,» il se crut obligé, et quand la reine de France, Anne, duchesse de Bretagne et sa sœur, mourut, il revendiqua hautement la couronne de son père...

»Il appela à lui la noblesse de Bretagne...

»La noblesse de Bretagne était découragée ou corrompue. Le roi de France avait peu à peu, et sous divers prétextes, rasé ses murailles, comblé ses fossés, démantelé ses places fortes; il avait arrosé du plus pur et du plus noble sang breton la terre meurtrière d'Italie, et la noblesse de Bretagne demeura sourde à la voix héroïque de Penn-Oll.

»Il avait réclamé son bien, la couronne qui était la sienne, et on l'accusa de haute trahison.

»Il paya de sa tête l'audace d'avoir osé parler de son droit. Mais il laissait un fils; ce fils, c'était mon père...»

Le châtelain de Penn-Oll s'arrêta, se prit à écouter le murmure d'étonnement et d'orgueil qui souleva les poitrines des quatre fils à cette révélation de leur origine, de même qu'un vieux cheval de bataille qui se traîne dans un sillon dresse soudain la tête au bruit lointain du clairon, et l'oreille tendue, hennissant, l'œil en feu, écoute avec une âcre volupté les notes de la fanfare guerrière.

«Ecoutez, reprit-il: Mon père se nommait Guy de Penn-Oll; comme son père il était vaillant, comme lui il était de haute taille et portait noblement la tête en arrière.

»Comme lui, il fit un appel à la noblesse de Bretagne, comme lui il invoqua la justice du roi de France.

»Le roi jeta avec dédain ses prétentions et la noblesse lui fit défaut.

»Le roi d'alors se nommait Henri II, et il avait pour femme Catherine de Médicis.

»Le roi eût pardonné peut-être, la reine fut implacable. Mon père avait pris les armes avec son fils aîné, âgé de vingt ans. Moi, j'en avais huit à peine, et mon corps eût fléchi sous le poids d'une armure.

»Mon père mourut sur le billot et par la hache, comme c'était son droit de gentilhomme.

»Mon frère, protégé par un gentilhomme breton au service du roi de France, parvint à fuir; il gagna les côtes d'Angleterre et jamais on ne le revit.

»Moi, je demeurais triste et seul dans le manoir de Penn-Oll, notre unique héritage.

»Alors parut un édit du roi qui ordonnait de raser le château, et l'édit fut exécuté.

»Seulement, comme je n'étais point coupable du crime de rébellion et qu'il me fallait vivre et avoir un abri, on me laissa un coin de terre et cette tour qui demeura debout sur l'îlôt de rochers où se dressait naguère la forteresse de Penn-Oll.

»J'étais du sang de mon père, mais je compris, en devenant homme, que l'heure n'était point venue de recommencer l'œuvre de mes ancêtres et de tenter comme eux la fortune.

»Je vécus solitaire dans cette vieille tour que l'aile du temps délabrait d'heure en heure, que la mer rongeait à la base, comme si la mer elle-même eût voulu détruire ce qui restait de la race des antiques ducs bretons. Une châtelaine du pays de Léon, pauvre comme moi, accepta ma main et mourut en donnant le jour au dernier de vous.

»Je vous élevai dans l'ombre et le silence, comme une louve allaite ses louveteaux, et je me dis:

»La race des Dreux ne mourra point encore, et peut-être un jour viendra où la Bretagne, se drapant de nouveau dans l'hermine ducale, jettera le gant aux Valois et redeviendra grand peuple.

»Mais une pensée me préoccupait incessamment:

»Qui sait, me disais-je, lorsqu'ils auront vingt ans, s'ils n'oublieront pas leur origine, s'ils ne mentiront point à leur sang, et, séduits par les promesses et les flatteries de la fortune, s'ils n'iront point offrir leur épée à ces mêmes rois de France qui les ont dépouillés?

»Et comme mes cheveux se hérissaient à cette idée fatale, je pris une résolution désespérée:

»J'envoyais l'un de vous en Espagne, l'autre en Italie, le troisième en Lorraine, le quatrième en Angleterre; quatre nations où le nom de France est détesté, où la haine de l'oriflamme devait vous être inculquée chaque jour.

»Ils grandiront, pensai-je, ils haïront la France, ils deviendront vaillants, et si, d'ici là, mon frère n'a pas reparu, je les appellerai à moi et nous recommencerons l'œuvre de nos pères....»

Le vieillard s'arrêta une fois encore, et spontanément, ivres d'un enthousiasme subit, les quatre cavaliers se levèrent et portèrent la main à la garde de leur épée.

—C'est bien, fit le vieillard dont l'œil rayonna, l'heure viendra.

Mais ce premier mouvement de fierté éteint, le regard des cavaliers se porta vers le lit.

—Qu'est-ce que cet enfant? demanda Alain.

—Votre maître.

—Et cette femme?

—Sa mère. Attendez, et écoutez-moi:

«Il y avait dix-huit ans que vous étiez partis, j'étais demeuré seul, quittant rarement cette salle, et montant souvent sur la plate-forme de la tour, la nuit, qu'elle fût étoilée ou orageuse.

»Alors, mon regard se portait alternativement vers le nord qui me cachait l'Écosse, vers l'est où est la Lorraine, vers le sud-est qui me dérobait l'Italie, et vers le sud-ouest où se trouve l'Espagne,—songeant à chacun de vous.

»Une nuit, la mer était bien grosse, il pleuvait comme à cette heure, la foudre déchirait les flancs tourmentés des nuages, et la grève retentissait des sanglots des lames clapotant et se tordant sous les rochers.

»Et cependant, je demeurais sur la plate-forme, les yeux tournés vers le Nord, quand un cri de détresse m'arriva. Mon œil plongea dans l'obscurité, et au milieu des ténèbres j'aperçus une frêle barque, suspendue à la crête d'une vague et prête à venir se briser contre les rocs qui servent de base à la tour.

»Dans cette barque, continua le châtelain de Penn-Oll, j'aperçus une forme blanche et une forme noire.

»La forme blanche était une femme tenant dans ses bras un enfant, et semblant invoquer le ciel pour lui. La forme noire était un homme de haute taille qui, l'aviron en main, essayait de lutter contre la lame en fureur.

»Mais malgré sa force, malgré son sangfroid, il ne pouvait parvenir à manœuvrer l'embarcation, qui, poussée par le vent, arrivait sur les rescifs de la tour avec une effrayante vitesse.

»Je me précipitai vers l'escalier intérieur qui conduisait à la plate-forme, et je descendis de toute la vitesse de mes jambes engourdies....

»J'arrivai trop tard... la barque venait de heurter le roc et s'était brisée.

»Un double cri de suprême angoisse m'annonça ce malheur, et je ne vis plus sur les flots qu'un débris d'aviron et l'homme qui luttait énergiquement contre la mort, nageant d'une main, tenant la femme de l'autre.

»La femme, à demi-évanouie, serrait son enfant sur son sein.

»Je m'élançais à la mer, je parvins à saisir la femme et je voulus dégager l'homme; l'homme était épuisé déjà, et tandis que je retournais au rivage, entraînant la mère et l'enfant, l'infortuné disparut en leur criant:—Adieu!

»Je déposai les deux infortunés sur le roc, je retournai à la mer, j'essayai de retrouver le naufragé, je sondai la profondeur de l'abîme, mon œil plongea sous les lames... Je ne vis plus rien!

»Tout à coup la foudre retentit, un éclair jaillit du ciel et me montra à cent brasses le malheureux qui, parvenu à remonter à la surface, se débattait dans les convulsions dernières de l'agonie.

»Il m'aperçut, fit un suprême effort, sortit la tête entière hors de l'eau et me cria:—Je suis le petit-fils de Guy de Penn-Oll, cette femme est la mienne, cet enfant est le mien!

»Et comme je n'avais plus qu'une brassée à faire pour atteindre cette tête, une lame passa dessus, et elle disparut pour toujours.

»Cet homme était mon neveu, le fils de mon frère, né dans l'exil, il avait voulu voir la terre de ses pères et mettre sa femme et son fils à l'abri des murs de Penn-Oll.

»Cette femme et cet enfant, messires mes fils, les voilà!

»Si la Bretagne doit jamais reconquérir son indépendance et son rang parmi les peuples, la couronne ducale sera placée sur le front de cet enfant: il est le chef de la race.»

Le châtelain s'arrêta et croisa les bras sur sa poitrine; alors, d'un commun élan et mus par la même pensée, les quatre cavaliers se levèrent, tirèrent leurs épées et s'approchèrent du lit où l'enfant dormait toujours.

Et comme deux heures sonnaient au beffroi de la tour, don Paëz, qui était l'aîné de tous, étendit son bras et son épée au-dessus de la tête de l'enfant, et dit:

—Sire duc, notre neveu et notre maître, nous te reconnaissons duc souverain de Bretagne, de plein et légitime droit;—et, notre épée aidant, nous te ferons duc de fait! Sire duc, notre neveu et maître, j'espère dévouer ma vie à la restauration de notre race, en ta personne, sur le trône de la vieille Armorique.

Et, ayant parlé, don Paëz se couvrit, comme c'était l'usage alors, après avoir tenu discours à un souverain, et il fit un pas en arrière avant de rendre son épée au fourreau.

Après lui vint Gaëtano, qui répéta mot pour mot le même serment, puis se couvrit.

Les deux autres cavaliers jurèrent comme leurs frères; comme eux, ils remirent rapière au fourreau et feutre en tête.

Alors, le vieux châtelain de Penn-Oll, reprit:

«J'avais raison de croire à notre antique adage: «Bon sang ne peut mentir;» vous êtes de l'héroïque race de Dreux, messires mes fils, et si je meurs avant que notre tâche soit remplie, je descendrai calme et confiant au cercueil.

»Maintenant, écoutez-moi, car si je n'ai plus la force qui donne la victoire, j'ai l'expérience qui conseille les batailles. L'heure n'est point venue où il vous faudra, une fois encore, appeler la Bretagne aux armes, et lui montrer son manteau d'hermine comme drapeau national. Les peuples reviennent tôt ou tard aux races qui firent leur splendeur et leur force; tôt ou tard ils tournent les yeux vers le passé et comprennent que le passé renferme les gages certains de grandeur et de prospérité de l'avenir.

»Cette heure ne tardera pas à sonner pour l'Armorique, mais il la faut attendre. Et pour être fort au jour de la lutte, il faut être calme et prudent la veille.

La race des Valois s'éteint. Le roi François II est mort sans lignée, le roi Charles IX mourra de même; son frère d'Anjou et son frère d'Alençon s'éteindront pareillement, si j'en crois la voix secrète de l'avenir.

»Alors deux nouvelles races se trouveront en présence et se disputeront le trône:—Les Guises et les Bourbons, Lorraine et Navarre.

»Ce jour-là sera celui de notre réveil et du réveil de la race bretonne.

»Que chacun de vous retourne au pays qui lui a servi de seconde patrie; que chacun de vous s'attache à la fortune du maître qu'il s'est fait, et qu'il grandisse en dignités.

»Plus vous serez haut situés dans l'échelle des hommes, plus votre tâche sera facile.

»Le peuple, auquel vous pourrez montrer à la fois l'épée qui asservit et l'or qui enchaîne, celui-là sera le vôtre, car il comprendra que vous possédez les deux prestiges les plus puissants pour dompter les hommes: la force et la richesse.

»Mais d'ici là, il vous faut être patients, avisés, circonspects. Nous avons pour adversaires trois races de rois ou de princes, Valois, Bourbons et Lorrains, toutes trois intéressées à notre perte, toutes trois prêtes à nous détruire.

»Il y a, de par le monde chrétien, une femme dangereuse, terrible, pour qui la mort n'est qu'un jeu, qui emploie indifféremment le poison et le poignard, le gant parfumé des Italiens et la dague des estafiers,—cette femme a tué mon père... et elle se nomme Catherine de Médicis!

»Il y a quelques mois à peine que cet enfant est ici avec sa mère. Ni l'un ni l'autre n'ont traversé la mer et touché le continent; nul ne les a vus... et cependant depuis huit jours, des cavaliers inconnus longent la grève au galop et jettent de rapides regards aux vieux murs de la tour.

»Peut-être que déjà la vie de cet enfant est menacée; peut-être les bourreaux viendront le réclamer demain. Emportez-le!

»Que l'un de vous se charge de sa jeunesse; qu'il l'élève dans la haine de l'oriflamme et des rois de France, dans l'ignorance de son nom et de son rang.

»Quand il aura quinze ans, âge où les souverains sont hommes, il sera temps de lui révéler l'un et l'autre.»

—Sire mon père, dit don Paëz, donnez-moi l'enfant, je m'en charge.

—Non pas, fit Gaëtano, je le veux pour moi.

—Non pas, dit Gontran le Lorrain, c'est moi qui l'aurai.

—Et moi, murmura l'Écossais avec son fier sourire, ne suis-je donc rien ici?

Et comme une querelle allait peut-être s'engager, la veuve jusque-là muette, se leva:

—Je suis sa mère, dit-elle, et j'ai le droit de ne pas me séparer de mon enfant.

—Il le faut, répondit le vieillard.

—Mais c'est mon fils!

—C'est le duc de Bretagne; voilà tout!

—Mon Dieu! supplia la pauvre mère.

—Madame, dit froidement le vieux Penn-Oll, choisissez: si votre fils demeure ici, le poignard ou le poison vous le raviront avant qu'il soit peu..... S'il part avec l'un de ses oncles, Dieu permettra sans doute que la couronne de Bretagne étincelle un jour à son front.

—Eh bien! fit la veuve, je suis Écossaise, mon père est un laird des montagnes, laissez-moi retourner dans mon pays avec celui de vos fils qui a vécu en Écosse et nous l'élèverons ensemble.

Le vieillard tressaillit et fronça le sourcil, puis il parut hésiter; mais don Paëz s'écria:

—Non pas, je suis l'aîné, et après le duc notre maître et le châtelain notre père, j'ai le droit de parler haut et franc.

—Parlez, dit le vieux Penn-Oll.

—Nous venons, reprit don Paëz, de faire hommage lige et de promettre fidélité et appui à l'enfant qui sera notre duc; puisque l'un de nous doit l'élever, il faut que celui-là soit désigné par le sort, car nous sommes tous égaux.

—C'est juste, fit Gaëtano.

L'Écossais et la mère gardèrent seuls un morne silence.

—Venez, continua don Paëz, en tirant sa bourse et jetant sur une table quatre pièces d'or: l'une est à l'effigie du duc de Lorraine, l'autre à celle du roi de Naples, la troisième est un quadruple espagnol, la quatrième un souverain anglais.

En prenant les quatre pièces, il les jeta dans son feutre et les remua comme des dés au fond d'un cornet.

—Messire mon père, continua-t-il, se tournant vers le Penn-Oll, mettez la main dans ce chapeau et prenez une pièce d'or.

Si c'est une quadruple, l'enfant m'appartiendra; si c'est un souverain il sera à mon frère d'Écosse; un Carolus napolitain, à mon frère de Naples; une pièce Lorraine à celui de nous qui vient de ce pays.

Le vieillard plongea sa main ridée dans le feutre et en ramena une pièce d'or sur laquelle les quatre cavaliers se précipitèrent anxieux.

Gontran le Lorrain poussa un cri de joie.

—L'enfant m'appartient! s'écria-t-il.

L'Écossaise pâlit.

—Je n'ai plus de fils, murmura-t-elle.

—La Bretagne aura un duc! répondit le vieux Penn-Oll.

—Et vous serez duchesse-mère, ajouta l'Écossais avec un sourire triste et résigné.

Etrange prestige du nom! Ces quatre hommes ignoraient, deux heures auparavant, l'existence de cet enfant, et ils venaient de se le disputer comme on se dispute une maîtresse.

Le vieux Penn-Oll alla vers une fenêtre qu'il ouvrit..... L'orage avait fui, la foudre éteignait ses dernières lueurs à l'horizon lointain, un vent puissant, soufflant de terre, balayait les nuages dont les flancs vides ne recélaient plus la tempête; et déjà au levant, entre la terre toujours brumeuse et le ciel encore tourmenté, se dessinait une bande blanchâtre annonçant la prochaine apparition de l'aube.

—Messires mes fils, dit alors le vieillard, voici le jour, la mer s'apaise, il faut partir; le salut de l'enfant le veut!

Les quatre gentilshommes reprirent leurs manteaux et se levèrent.

Alors la veuve s'approcha du lit, éveilla l'enfant qui jeta un regard étonné sur tous ces hommes inconnus pour lui, et, le prenant dans ses bras, le serra longtemps sur son cœur, étouffant ces sanglots maternels, dont aucune voix, aucune plume ne rendront jamais les notes déchirantes. Puis, par un brusque geste, et comme si elle eût voulu rompre avec la douleur, elle le tendit à Gontran qui le reçut dans ses bras en s'inclinant, et dit:

—Je vous le rendrai vaillant, et il sera duc un jour.

—Que Dieu protége le fils, murmura-t-elle, puisqu'il brise le cœur de la mère.

Et elle retomba sur son siège, cacha sa tête dans ses deux mains et pleura.

Gontran ôta son manteau et en couvrit l'enfant qui, étonné, regardait sa mère.

Alors don Paëz s'avança, tira son épée de nouveau et, l'étendant sur la tête du futur souverain breton:

—Sire duc, mon maître, dit-il, le plus grand capitaine du monde chrétien, l'infant don Juan d'Autriche, m'a donné l'accolade de chevalier avec cette épée; à mon tour, je vous fais chevalier, et je vous réserve ce glaive pour le jour où votre main le pourra porter.

Et il donna trois coups de plat d'épée sur le jeune héritier des ducs bretons; et l'enfant, comprenant vaguement la solennité de cet acte, courba le front avec gravité et mit un genou en terre; puis se releva l'œil brillant et fier, jetant à sa mère un mâle regard.

Sa mère pleurait toujours.

Il alla vers elle, lui prit les mains, la baisa au front, lui disant:

—Ne pleure pas.....

Ensuite, et semblant comprendre que la destinée inflexible l'appelait ailleurs, il retourna auprès de Gontran et se plaça à sa droite.

Gaëtano vint à son tour vers lui, fléchit un genou et lui baisa silencieusement la main. Après quoi il alla à son père et lui baisa la main pareillement:

—Adieu sire mon père, dit-il.

Et il se dirigea vers la porte.

Don Paëz l'imita et sortit après lui.

Puis Gontran prit de nouveau l'enfant dans ses bras, et les suivit.

Alors, Hector l'Écossais vint à la veuve qui pleurait toujours, lui prit les mains et lui dit.

—Madame, puisque vous êtes du pays d'Écosse et que je retourne sur cette noble terre, ne voulez-vous point venir avec moi, et revoir le castel de vos aïeux?

La veuve se leva, tourna un regard éperdu vers la porte par où son fils venait de disparaître, puis elle regarda tour à tour le vieillard grave, muet, attachant son œil triste et profond sur cette même porte par laquelle une fois encore s'en allaient ses quatre rejetons, ensuite sur ce jeune homme si fier et si beau, ce mélancolique et pâle jeune homme qui venait de murmurer le nom de patrie à son cœur désolé de mère comme pour y verser un baume et en adoucir la plaie saignante, et elle parut hésiter...

Elle les regarda tour à tour, l'un avec sa lèvre d'adolescent où la douleur, peut-être, avait déjà mis un pli; l'autre avec son front chauve et ridé, sa barbe blanche, son œil résigné et calme; puis, après avoir hésité longtemps entre le jeune homme qui lui parlait de sa patrie et qui, d'un seul mot, avait fait revivre dans son souvenir les tourelles du manoir paternel et les heures bénies du passé;—et le vieillard qui allait se trouver solitaire et morne dans sa demeure vermoulue, que l'Océan berçait de son éternel et monotone refrain;—elle se précipita enfin vers le vieillard, porta ses deux mains à ses lèvres, et lui dit:

—Mon père, je veux vivre avec vous, je veux soutenir vos vieux ans, comme un réseau de lierre étaye le vieux mur, qu'il embrasse étroitement.

Hector inclina la tête.

—Dieu vous bénira, dit-il.

Et ayant baisé comme ses frères la main paternelle, il sortit le dernier et ferma la porte.

Alors, le vieillard, courbé par le temps, et la jeune femme, si cruellement éprouvée comme mère et comme épouse, demeurèrent seuls, et le premier murmura ces mots:

—Dieu protégera et fera grand et fort le fils de la mère qui aura été forte comme la femme des Écritures.

Pendant ce temps, les quatre cavaliers étaient arrivés au bas du grand escalier de la tour.

Les trois premiers se tenaient par la main, le quatrième, Gontran, portait l'enfant dans ses bras.

Hector l'Écossais franchit le dernier le seuil extérieur de la tour, et en ferma la porte comme il avait fermé la première.

Sur l'étroite plate-forme de rochers que la mer rongeait depuis le commencement du monde, et qui supportait la four, l'écuyer du Napolitain attendait, tenant les trois chevaux en main:

—Maître, dit-il d'une voix lamentable, ne me sera-t-il pas bientôt permis d'entrer, et de me réchauffer le corps avec un bon feu et le cœur avec une bouteille païenne?

—Il t'est permis de monter à cheval et de me suivre, répondit Gaëtano. En selle, mon maître!

L'écuyer poussa un douloureux soupir:

—Quelle hospitalité! murmura-t-il.

Et comme l'œil du gentilhomme était sévère, et qu'il redoutait pour son dos une douzaine de coups de plat d'épée, l'écuyer se résigna et mit le pied à l'étrier.

—Maître, ajouta-t-il timidement, où allons-nous maintenant?

—A Naples.

—*O Sancta madonna di Napoli!* murmura le pauvre diable, *si benedetta*!

La barque et les marins de l'Écossais attendaient l'aviron en main.

—Adieu, frère! dit-il. Dieu vous garde et l'enfant avec vous!

—Adieu, frère! répondirent-ils. Dieu efface la tristesse répandue sur ton front.

—Frères, murmura-fil d'une voix douloureuse, l'amour est incurable quand il monte trop haut. Le mien est sur les marches d'un trône... Adieu!

Et il sauta dans la barque qui s'éloigna, l'emportant lui et son secret.

Les trois gentilshommes se mirent en selle et lancèrent leurs chevaux à la mer.

Quand ils eurent atteint la grève, ils suivirent le sentier par où ils étaient venus, puis ils s'arrêtèrent à l'embranchement des deux routes: celle du nord et celle du sud.

—Adieu, frère, dit Gontran, nous nous reverrons!

—Adieu, répondit don Paëz; moi aussi, j'ai un amour au cœur, mais cet amour est le frère de l'ambition, et il me mènera si loin, que je placerai notre duc sur le trône!

—Adieu, dit à son tour Gaëtano, j'ai aimé, moi aussi, mais mon amour est brisé, et je suis devenu philosophe.

—Et moi, fit Gontran, je n'ai jamais aimé, et je n'ai ni douleur, ni ambition, je suis insouciant et brave, et je ne désire pas l'épée du commandement dans une bataille, mais je me bats comme un fils de roi, et j'ai la tête légère et le bras lourd.

Maintenant, le hasard vient de fixer un but sérieux à ma vie; je marcherai droit et ferme vers ce but; j'élèverai cet enfant, désormais mon seul amour et ma seule espérance, j'en ferai un homme vaillant et fort!... Adieu! nous nous reverrons!

Et il quitta ses deux frères, qui continuèrent leur route vers le sud, et se séparèrent un peu plus loin. C'est lui que nous allons suivre.

Messire Gontran était un hardi compagnon, un insouciant gentilhomme, comme il l'avait dit lui-même. Et cependant, sa mère elle-même n'eût pas été plus attentive, plus minutieuse de soins que ce rude soldat ne le fut pour ce frêle enfant.

Son voyage dura six jours.

Le soir du sixième, il entra dans Paris par où il était contraint de passer, et il alla descendre à l'hôtellerie du *Grand-Charlemagne*, située en dessous du bac de Nesle, sur la rive gauche de la Seine, en face du Louvre.

Tandis que son cheval était aux mains des varlets et palefreniers, il entra dans la cuisine de l'hôtellerie qui en était le principal lieu de réunion.

Il y avait affluence de buveurs dans la salle, toutes les tables étaient occupées et chargées de flacons et de pots d'étain.

Mais ces buveurs avaient un air farouche et sombre qui ne ressemblait en rien aux faces épanouies et rubicondes de ces Génovéfains libertins et de ces ribauds, francs compagnons, qui garnissaient, à cette époque, tout cabaret respectable et bien achalandé.

A son entrée, l'un d'eux, qui paraissait avoir sur les autres une autorité mystérieuse, se leva et vint droit à Gontran:

—Êtes-vous catholique, seigneur gentilhomme? lui demanda-t-il à voix basse en attachant sur lui un regard inquisiteur et perçant.

- 25 -

CHAPITRE TROISIÈME
III

Le 23 août de l'année 1572, jour de l'arrivée de Gontran à Paris, vers sept heures du soir environ, le roi Henri de Navarre était seul dans son appartement, au Louvre, occupé à écrire d'une bonne et grosse écriture assez illisible, et sur le plus beau parchemin qu'il se pût trouver chez les tanneurs du temps, une épître galante à madame Charlotte de Sauve, commençant par ces mots:

«Chère ma mie,

»Mon frère Charlot m'ayant retenu une partie de la journée dans la librairie où il resserre et conserve avec un soin précieux des livres rares et curieux sur la vénerie et fauconnerie et autres genres de chasse, et puis ayant voulu que je lui vinsse en aide et secours dans son laboratoire pour forger une serrure et sa clé en forme de trèfle, je suis arrivé à la vesprée sans me pouvoir occuper de vous autrement qu'en songeant à vos beaux yeux et belles mains blanches et mignonnes.

»Madame Catherine, la reine-mère, m'ayant témoigné ensuite le désir de me voir assister à une représentation de magie et divination des cartes, qui sera faite chez elle, ce soir, à neuf heures de relevée, par son parfumeur et gantier, maître René Roggieri, et madame Margot, ma femme, étant pareillement priée, je ne pourrai vous aller rendre visite que demain, en votre retrait des Prés-Saint-Germain.»

Le roi de Navarre en était là de son épître quand on frappa doucement à sa porte.

Henri leva la tête, jeta sa plume et alla ouvrir.

C'était madame Marguerite de Valois, reine de Navarre depuis le 18 août de la même année, c'est-à-dire depuis cinq jours.

Le roi recula de surprise à la vue de sa femme, et, par un geste rapide, cacha sous un livre ouvert la lettre commencée.

Mais la reine était pâle et troublée, et elle n'y prit garde.

Elle vint droit au roi et lui dit:

—Sire, m'accorderez-vous une confiance entière?

Le Béarnais attacha son œil clair et perçant sur elle, examina les lignes contractées de son visage et lui dit:

—Je vous écoute; madame?

—Me croirez-vous?

—Mais... sans doute...

Et le Béarnais fronça le sourcil.

—C'est que, continua la reine, si vous alliez ne pas me croire...

—Je vous croirai, madame.

—Eh bien! sire, il faut fuir.

Le roi fit un soubresaut.

—Et pourquoi? demanda-t-il.

—Parce qu'on en veut à vos jours.

Le roi haussa imperceptiblement les épaules et sourit:

—Ma mie, dit-il, je n'ai pas d'ennemi que je sache. Et votre mère, madame Catherine, qui seule pourrait m'en vouloir, est si gracieuse avec moi...

Un amer sourire glissa sur les lèvres de Marguerite:

—Vous ne connaissez pas ma mère, murmura-t-elle.

—Oh! si fait bien, dit le roi; mais comme je connais ses petites manies, je prends mes précautions. Pour aujourd'hui, je suis parfaitement tranquille.

—Que voulez-vous dire, sire!

—Oh! presque rien... Vous connaissez Nisus, le chien de votre frère Charlot?...

—Oui, dit la reine qui, de la croisée, jetait un regard inquiet sur la rue.

—Eh bien! j'ai caressé Nisus tant et si souvent, qu'il m'a pris en grande amitié.

—Ah! fit la reine, distraite.

—Et, m'aimant ainsi, il ne me quitte pas.

—Tiens! murmura Marguerite, toujours penchée à la croisée.

—Il me suit en tous lieux, mais surtout à table...

Marguerite attacha un regard anxieux sur le roi, dont la physionomie pleine de finesse avait revêtu ce manteau de bonhomie qui ne la quitta plus dans la suite, et à laquelle tout le monde se trompa.

—Or, à table, il se place toujours près de moi, le menton sur mon genou.

—Eh bien?

—Comme j'ai toujours aimé les chiens, et celui-là plus que les autres, j'ai coutume de partager mon repas avec lui...

Marguerite regardait toujours par la fenêtre sans cesser d'écouter le roi.

—Or, comme je connais les bizarreries de cette excellente madame Catherine, notre mère, j'ai pour habitude, et—dans l'intention évidente de flatter son goût pour les chiens—de donner la première bouchée de chaque mets à Nisus.

—Ah! fit Marguerite, commençant à comprendre.

—Si Nisus trouve le morceau de son goût, continua le roi avec un sourire naïf, je prends le second pour moi et je mange en toute sécurité. Mais, si par hasard, et cela n'est point arrivé encore, il faisait la grimace, je repousserais le plat pour faire une petite malice à madame Catherine. Vous voyez bien, ma mie, que j'ai raison d'être parfaitement en repos.

Mais Marguerite, au lieu de répondre, saisit vivement le bras de son mari, et l'entraîna vers la croisée.

—Regardez, dit-elle.

La nuit jetait, comme un manteau, ses premières brumes sur les épaules frileuses de cette ville, géante déjà, qu'on nomme Paris. Le soleil avait disparu derrière les coteaux de Meudon, dans un sanglant linceul de nuages qui semblait attester l'approbation du ciel dans le drame épouvantable dont le prologue commençait.

Les deux berges de la Seine étaient encombrées de populaire; au milieu des flots de cette foule mouvante brillaient çà et là le canon d'un mousquet ou le fer d'une pertuisane; et parmi les hommes, qui se croisaient en tous sens, plusieurs portaient un linge au bras et une croix blanche sur le dos.

Ces hommes passaient les uns auprès des autres sans avoir l'air de se connaître, puis ils échangeaient des signes mystérieux et se mêlaient aux groupes divers, formés et dispersés à tout moment avec une incroyable rapidité.

Le roi, apercevant cette foule inusitée, fronça le sourcil et se tourna vers Marguerite:

—Y a-t-il quelque fête de saint à célébrer demain? demanda-t-il tranquillement.

—C'est demain la Saint-Barthélemy, répondit Marguerite.

—Ah! dit le roi. Peu m'importe!

—Sire, dit vivement Marguerite, voyez-vous cette foule?

—Sans doute.

—Ces mousquets, ces pertuisanes.

—Oui. Eh bien?

—Eh bien! c'est une fête sanglante qui s'apprête.

Le roi fronça le sourcil davantage.

—C'est le massacre général des huguenots.

Le roi fit un pas en arrière et mit la main à la garde de son épée;—mais une pensée subite lui vint, et refoulant son épée à moitié sortie du fourreau:

—Vous êtes folle, dit-il!...

—Folle?

—Sans doute. Le roi Charles IX, mon frère, qui est catholique, ne vous a point mariée, vous sa sœur, à moi le roi de Navarre, qui suis huguenot, pour...

—Mon frère, fit Marguerite d'une voix sourde, est l'instrument aveugle de ma mère.

Le roi remit la main sur la poignée ciselée de son épée.

—L'amiral sera massacré, ses partisans massacrés, vous ne serez point épargné, vous... car...

—Car? fit le roi.

—Car, reprit Marguerite d'une voix lente et basse, c'est le duc Henri de Guise qui sera le grand ordonnateur de la fête.

—Cordieu! s'écria le roi mettant rapière au vent et perdant une minute son sangfroid terrible, nous nous défendrons, ventre-saint-gris! A moi Navarre et les huguenots de France, à moi l'amiral!

Et il fit un pas.

—Silence! s'écria Marguerite le retenant, écoutez!

Le roi s'arrêta et prêta l'oreille.

Un bruit vague et lointain, mêlé de sourds murmures, de cliquetis d'épées et de mousquets se fit entendre dans les corridors.

—Ce sont les bourreaux qui s'arment, souffla Marguerite. Fuyez, sire, fuyez!

—Fuir! dit le roi dont l'œil étincela, un roi fuir?

—Il le faut! dit-elle.

Mais comme il hésitait, un cri retentit dans les corridors, un cri terrible, strident, poussé par cent voix différentes avec un désespérant ensemble:

—Au Béarnais! mort au Béarnais!

Le roi recula jusqu'à la fenêtre et se pencha en dehors.

Au dehors, la foule, frémissante d'impatience, venait d'entendre le cri de mort et répétait:

—Mort au Béarnais! jetez-nous le Béarnais!

La tête du roi disparut de l'embrasure de la croisée, et Marguerite, le saisissant par la main, lui dit:

—Venez! venez!

En ce moment, neuf heures sonnèrent aux paroisses Saint Germain-l'Auxerrois, Sainte-Geneviève et Saint-Thomas-du-Louvre, et le tocsin, s'ébranlant soudain, donna le signal du massacre.

Au même instant, un coup d'arquebuse se fit entendre, renversant un huguenot qui passait sur la berge.

—Venez! venez! fit Marguerite frissonnante.

Et, poussant devant elle une de ces portes secrètes masquées dans un pan de mur ou de boiserie, et communes au Louvre d'alors, elle l'entraîna dans une galerie obscure, refermant la porte après elle.

Le roi se laissa conduire, toujours la main sur son épée, et le cœur bouillonnant de colère.

Marguerite le guida ainsi au travers des ténèbres, jusqu'à une seconde porte qui était fermée, mais dont elle avait la clé...

Et elle s'apprêtait à ouvrir, quand des cris retentirent derrière cette porte.

—Mon Dieu! fit-elle désespérée, l'issue est gardée, par où fuir?... Venez!

Elle lui fit rebrousser chemin à moitié, ouvrit une autre porte, et pénétra dans une vaste salle mal éclairée par une lampe à abat-jour de cristal dépoli...

C'était sa chambre à coucher.

—Là! là! dit-elle en lui indiquant l'alcôve dont les rideaux étaient soigneusement fermés. Couchez-vous dans mon lit. On ne viendra pas vous y chercher. Le roi ne fit qu'un bond vers l'alcôve et se blottit jusqu'au menton, l'épée nue, sous la courtine de soie. Mais il y était à peine, et Marguerite n'avait point encore eu le temps de fermer entièrement les rideaux, que la porte principale de l'appartement, laquelle donnait sur l'un des grands couloirs, vola en éclats, et qu'une troupe de forcenés, le fer au poing, envahit la salle, vociférant:

—Mort au Béarnais!

Marguerite jeta un cri, s'élança vers le roi qui s'était levé soudain, et qui, un oreiller d'une main en guise de bouclier, son épée de l'autre, s'apprêtait à vendre chèrement sa vie; elle poussa une nouvelle porte secrète qui était au fond de l'alcôve, entraîna le roi par cette porte et la tira après elle.

Cette porte communiquait avec un étroit escalier tournant montant aux petits appartements et conduisant en même temps au laboratoire de Charles IX.

Ce fut là que Marguerite fit entrer le roi.

Le laboratoire ne renfermait qu'une seule personne, un jeune Italien de vingt ans, ciseleur florentin, du nom d'Andréa Pisoni, et favori de Charles IX.

—Cachez le roi, lui cria Marguerite; cachez-le! Le ciseleur se leva tout effaré, cherchant du regard un coin ignoré où le roi se pût blottir; mais le roi n'en eut pas le loisir, car les assassins de Catherine, après avoir enfoncé les portes à mesure que Marguerite les fermait, apparurent de nouveau, et l'un d'eux, ajustant le roi, fit feu.

Plus prompt que l'éclair, Andréa Pisoni se jeta au-devant de lui, reçut la balle en pleine poitrine et tomba mort.

Soudain une voix tonnante se fit entendre; le roi Charles IX parut sur le seuil, ivre de fureur, l'épée à la main, criant:

—Mort aux huguenots!

Mais à peine eut-il vu le cadavre du jeune ciseleur qu'il aimait, gisant, pantelant encore, dans une mare de sang, qu'un éclair de ces fureurs terribles auxquelles il était sujet jaillit de ses yeux enflammés:

—Arrière, assassins! arrière! s'écria-t-il.

Et tandis qu'il se penchait frémissant vers le cadavre, tandis que les assassins reculaient épouvantés, la reine de Navarre prit de nouveau la main du Béarnais, le fit passer sur le corps des estafiers et lui fit redescendre avec elle cet escalier tournant et ténébreux, qui, heureusement, aboutissait à une poterne ouvrant sur la Seine, en dessous du parapet.

Marguerite avait la clé de cette poterne.

—Adieu, dit-elle au roi; fuyez!

—Adieu, dit le roi en lui baisant la main; merci!

—Courez à la porte Saint-Jacques..... demandez le chef des gardes.

—Quel est-il?

—Montaigu.

—Très bien.

—Demandez-lui un cheval et ne vous arrêtez qu'au point du jour pour le laisser souffler.

—Merci... adieu...

Le roi n'hésita pas une minute, il se jeta bravement à l'eau, et comme la nuit était obscure, il atteignit l'autre rive sans qu'un coup d'arquebuse fût tiré sur lui.

Mais au moment où il se dressait sur la berge et reprenait sa course, un homme le heurta, et cet homme vociféra:

—C'est un huguenot! mort au huguenot!

Et aussitôt d'autres hommes accoururent et environnèrent le roi, qui, l'épée à la main, s'apprêta à leur tenir tête.

En ce moment, une rumeur terrible s'élevait dans la direction de la rue de Béthisy; le Suisse Besme venait de jeter à M. le duc Henri de Guise le cadavre de l'amiral de Coligny.

———

Revenons à Gontran le Lorrain, que nous avons laissé à l'hôtellerie du *Grand-Charlemagne*.

—Êtes-vous catholique? lui avait demandé un des buveurs.

Ce buveur était un gros homme ventru et bouffi, ayant sous d'épais sourcils de petits yeux gris de mer empreints de fanatisme et de férocité.

Il portait la moustache en croc, comme les catholiques, au lieu de l'avoir pendante comme ceux de la religion réformée.

—Êtes-vous catholique?

Il fit cette question à Gontran d'un air si impérieux que Gontran mit la main à son épée et répondit:

—Que vous importe!

Le gros homme fit un pas de retraite, mais après avoir jeté un regard furtif à ses compagnons, il revint à la charge et dit:

—Messire, je me nomme Antoine Pernillet.

—Ah! fit Gontran.

—Je suis marguillier de la paroisse Sainte-Geneviève.

—Je vous en félicite, c'est un bel emploi.

—Et c'est moi qui suis l'hôtelier du *Grand Charlemagne*.

—Ah! fit le gentilhomme, fronçant le sourcil; en ce cas, vous feriez bien de me faire donner un lit et un souper, j'ai faim et je suis las.

—C'est précisément pour cela, messire, que je vous demande si vous êtes catholique?

—Est-il nécessaire de l'être pour manger et dormir?

—Je ne loge pas de huguenots.

—Eh bien! maître Antoine Pernillet, tavernier du diable, répondit Gontran, qui commençait à s'impatienter, fais-moi servir sans scrupule, je suis catholique et du beau pays de Lorraine.

La figure de l'hôtelier, sombre jusque-là, s'épanouit.

—Vous êtes Lorrain? fit-il.

—Oui, maraud.

—Vous connaissez alors le duc de Guise?

—Par Dieu! oui; je suis l'écuyer de son frère, monseigneur le duc de Mayenne.

L'hôte poussa un cri de joie, se découvrit avec respect, et les buveurs en firent autant.

—Alors, continua l'hôtelier en clignant de l'œil, vous savez ce qui se prépare?

—Non.

—Ah! par exemple!

—Je ne sais rien...

L'hôte le regarda étonné.

—D'où venez-vous donc? fit-il.

—Mais, dit Gontran, je viens de Bretagne, où mon maître m'avait envoyé.

—Ah!

—Et j'y suis allé chercher cet enfant, qui est... un péché véniel du duc de Mayenne.

L'hôtelier regarda l'enfant avec intérêt.

—Pauvre cher ange! dit-il.

—Or, vous comprenez, continua confidentiellement Gontran, que cet enfant est placé sous ma garde et que je réponds de sa vie.

—Par la très sainte Vierge, qu'osent nier ces chiens de huguenots! s'écria maître Pernillet avec enthousiasme, nous veillerons sur lui, et mal ne lui arrivera, bien que la nuit qui vient doive être orageuse.

—Que se passera-t-il donc?

—Oh! presque rien...

—Mais encore?

—Nous tuerons l'amiral, le roi de Navarre et tous les huguenots...

Gontran tressaillit et regarda son hôte en face pour savoir s'il parlait sérieusement ou se voulait *gausser* de lui.

—Êtes-vous fou, maître tavernier? dit-il.

—Fou? non, messire.

—Le roi de Navarre n'est-il pas huguenot?

—Oui certes, le mécréant!

—Et n'a t-il pas épousé le 18 du présent mois...

—Marguerite de Valois, sœur de notre roi Charles IX?

—Alors, dit Gontran, il est impossible de penser que le roi de France laisse égorger son beau-frère.

L'hôtelier haussa les épaules.

—On peut bien vous dire cela, à vous qui êtes Lorrain, fit-il en clignant de l'œil et prenant un ton mystérieux...

—Dites! fit Gontran.

—Eh bien! voyez-vous, messire, il y a deux rois en France...

—Ah!

—Le roi pour rire et le roi pour de bon.

—Très bien.

—Le roi de nom et le roi de fait.

—Vraiment! Et quel est le roi de nom?

—Sa Majesté Charles IX.

—Et le roi de fait?

—Monseigneur le duc Henri de Guise.

—Très bien! fit Gontran avec calme.

Puis il ajouta avec une bonhomie toute confidentielle:

—Je m'en doutais.

—Vous voyez bien, murmura l'hôtelier dont le visage s'élargit outre mesure, vous voyez bien que vous en savez plus que vous n'en avez l'air...

—Vous croyez? répondit l'écuyer qui devint subitement madré.

—Hum! fit l'hôtelier.

—Chut! murmura Gontran.

Et il mit un doigt sur sa bouche.

—Çà, continua-t-il, faites-moi donner à souper, maître, je meurs de faim... et puis une chambre et un lit, car cet enfant tombe de sommeil...

L'hôtelier jeta un regard de tendresse mêlé d'admiration au jeune descendant des Dreux, qui, lassé d'une journée de soleil, de poussière et de cheval, s'était assis sur un banc et jetait un coup d'œil étonné autour de lui; puis il souffla tout bas à l'oreille du gentilhomme:

—Il a une ressemblance frappante...

Et il s'arrêta.

—Avec qui? fit Gontran inquiet.

—Avec M. de Mayenne, murmura l'hôtelier.

Le front assombri de Gontran se rasséréna, et il répondit:

—Je crois que vous avez raison.

—Holà! cria l'hôtelier à ses garçons de cuisine et à ses marmitons, un souper pour ce gentilhomme, et du meilleur vin qui soit en cave... Çà, marauds que vous êtes, pressez-vous!

Les valets se hâtèrent d'obéir.

—Je désire être servi dans ma chambre, dit l'écuyer.

Et ses ordres furent ponctuellement exécutés.

Tandis qu'il se rendait avec l'enfant à l'appartement qui lui avait été préparé, l'hôte, après avoir pris congé de lui avec force génuflexions et inclinaisons de tête, revint à la cuisine où les buveurs continuaient à chuchoter entre eux:

—Holà! dit-il, enfants de notre mère l'Eglise romaine et bons compagnons de la messe, apprêtez-vous à bien faire votre devoir aujourd'hui, car nous avons ici un homme qui aura l'œil sur nous!

Pendant que maître Antoine Pernillet, propriétaire de l'hôtellerie du *Grand-Charlemagne*, et marguillier de la paroisse Sainte-Geneviève, lui faisait ainsi une réputation et le haussait considérablement dans l'opinion de ses chalands, notre gentilhomme s'attablait avec son pupille.

L'enfant était triste et grave, comme il convient à ceux que la destinée fait orphelins de bonne heure; il ne pleurait pas cependant, peut-être parce qu'il comprenait déjà que les larmes sont indignes d'un homme, mais il avait cette pâleur mate que la douleur met aux fronts les plus juvéniles, et à la lèvre cette amertume résignée qui est comme une prescience des malheurs à venir.

Gontran était bon compagnon, il buvait et mangeait bien d'ordinaire,— mais ce jour-là, bien qu'il eût soif et faim, il toucha à peine aux mets qu'on lui servit, et laissa son hanap demi-plein.

Les révélations mystérieuses et les demi-mots de l'hôte avaient jeté le trouble dans son esprit.

—Ainsi donc, murmurait-il sourdement, je vais assister à un massacre! Dans quelques heures, Paris sera converti en une immense boucherie, et le sang, coulant par torrents, ira grossir les eaux bourbeuses de ce fleuve qui roule sous ma fenêtre! Et ce sont les hommes que je sers...

Gontran s'arrêta et essuya la sueur froide que ces pensées de carnage faisaient couler sur son front.

—Guise contre Navarre, continua-t-il, huguenots contre catholiques. La boucherie sera belle...

Il s'arrêta encore; son regard tomba sur l'enfant qui tournait son œil triste vers la fenêtre ouverte, d'où l'on apercevait les tourelles pointues et les pignons du vieux Louvre;—et haussant les épaules:

—Au fait, murmura-t-il, mon père nous l'a dit. Nous avons trois races de rois ou de princes pour ennemies. Dieu est sage, laissons-le faire... Deux de ces races vont être aux prises, peut-être l'une succombera... Dieu est sage, et les huguenots sont marqués d'avance, sans doute, pour le supplice et le poignard.

Et maître Gontran, se réconfortant avec cette réflexion, se remit bravement à table et fit tardivement honneur au souper de son hôte.

Mais, tandis qu'il mangeait, l'enfant, brisé de fatigue, s'endormit sur son siége.

Gontran se leva et le porta sur le lit, où il le coucha tout habillé.

Pendant ce temps, la nuit venait avec cette rapidité qui lui est propre vers la fin de l'été; un murmure sourd montait des rues avoisinantes et de cette berge sans parapet qui, deux siècles plus tard, devait se nommer le quai Malaquais et le quai Voltaire. Gontran se mit à la croisée qui donnait sur la rivière, et s'y accouda.

Il vit une foule immense, confuse, se déroulant en tous sens; il aperçut, parmi les groupes sombres, les croix blanches des conjurés; il vit briller aux lueurs mourantes du crépuscule et au reflet vague encore des lanternes qui s'allumaient une à une, le canon des mousquets et le fer des hallebardes; il entendit de sourds murmures, des imprécations étouffées, des demi-mots qui étaient des mots d'ordre; il surprit un échange perpétuel de signes de ralliement... Et alors, comme c'était avant tout un brave et loyal gentilhomme, il fut tenté de prendre son épée et d'aller se ranger parmi les victimes contre ceux qui les devaient égorger.

CHAPITRE QUATRIÈME
IV

Une réflexion subite arrêta Gontran: il n'était plus le soldat insoucieux buvant mal quand il était pauvre, bien quand son escarcelle était ronde; se battant toujours de même, tantôt pour une maîtresse, tantôt pour son seigneur le duc de Mayenne, le plus souvent sans savoir pourquoi.

Gontran avait reçu la garde d'un dépôt plus précieux que tous les trésors du monde,—il avait à veiller sur l'orgueil futur, sur le restaurateur à venir des splendeurs tombées de sa race,—sur l'espoir peut-être de l'indépendance de tout un peuple.

Aller se battre! Etait-ce possible?

Et tandis qu'il ferraillerait en chevalier errant pour des amis inconnus, ces amis prendraient d'assaut l'hôtellerie du zélé catholique Pernillet, et, de même que les catholiques ne feraient de quartier à personne, eux égorgeraient femmes et enfants, et ne respecteraient pas davantage l'héritier de Robert de Dreux!

Ou bien lui-même, lui Gontran, recevrait une bonne estocade dans la poitrine, ou une balle de mousquet dans la tête,—et l'enfant dont il s'était chargé se trouverait isolé, perdu en cette vaste mer qu'on nomme Paris, loin des grèves bretonnes, loin de ses oncles, tranquilles sur son sort, et se fiant à leur frère, loin de sa mère dont il ignorerait le nom et que nul ne pourrait lui rendre...

Gontran en était là de ses réflexions, quand le murmure qui montait toujours de la rue et de la berge s'éteignit subitement.

Il se pencha de nouveau à la croisée, regarda et vit la foule qui s'écoulait peu à peu, silencieuse et sombre, par les rues voisines, laissant désert le bord de la rivière.

Que signifiait cette manœuvre?

Etait-ce un contre-ordre?

Etait-ce une habile disposition stratégique, une ruse de guerre d'un grand capitaine?

Gontran se souvint de plusieurs campagnes dans la Flandre, qu'il avait faites avec le duc de Guise, et il crut reconnaître dans cette disposition subite de la foule la main de celui qui avait été son général.

Une lutte intérieure de quelques secondes se livra chez lui entre le devoir qui l'enchaînait auprès de cet enfant et son cœur loyal qui essayait de parler aussi haut que le devoir; mais, à la fin, le devoir l'emportant sur la générosité, il alla fermer la porte au verrou et revint au chevet du lit.

L'enfant dormait profondément.

Gontran prit son manteau et l'en couvrit.

Puis il tira son épée, mit ses pistolets sur la table et se plaça auprès de l'enfant endormi, veillant sur lui et prêt à le défendre avec l'audace et l'énergie d'un lion.

L'hôte frappa à la porte.

—Que voulez-vous? demanda Gontran.

—Un mot, messire.

—Parlez!

—Monseigneur de Mayenne ne vous a-t-il pas donné des instructions particulières?

—Oui, répondit Gontran à tout hasard.

—Daignerez-vous me les communiquer?

Gontran hésita.

—C'est que, continua l'hôte, qui ne prit point garde à cette hésitation, nous manquons d'ordres...

—Ah! dit Gontran d'un ton hautain.

—La troupe que je commande est partagée en deux opinions...

—Lesquelles?

—Les uns veulent attaquer le Louvre, par les fenêtres duquel on doit nous jeter le Béarnais, les autres se porter rue de Béthisy, sur la maison de l'amiral.

Gontran fronça le sourcil, selon son habitude, et se dit à part lui:

—L'amiral n'a rien fait à ma race, ni à moi; le Béarnais est mon ennemi naturel; tâchons de sauver l'amiral.

Puis il dit à Pernillet:

—Allez d'abord au Louvre.

—Ah! vous croyez que le duc le veut?

—Qu'est le Béarnais?

—Roi.

—Qu'est l'amiral?

—Duc.

—Le roi a le pas sur le duc aux fêtes comme au supplice; commencez par le roi!

—C'est juste, dit l'hôtelier. Adieu, messire...

Et il s'en alla, puis revint sur ses pas:

—Ne nous donnerez-vous pas un petit coup de main, messire?

—Non, dit Gontran, et cependant j'ai la main qui me démange singulièrement, et je suis capable de devenir fou aux premiers coups de mousquet...

L'hôte fit un signe d'admiration.

—Mais, vous comprenez, continua Gontran, que j'ai à veiller sur cet enfant...

—Bah! il dort.

—Il peut se réveiller...

—Les enfants ont le sommeil dur...

—Et s'enfuir effrayé...

—C'est juste.

—Et courir à travers Paris, et s'y perdre...

—Et puis, il ressemble si fort à M. de Mayenne que le premier huguenot qui, le fer au poing, le rencontrerait l'embrocherait comme un poulet.

L'hôte frémit:

—Il ne faut pas le quitter, messire, dit-il avec émotion.

—Je ne bougerais pas de là pour un royaume, fût-ce celui de France!

—Et même, acheva l'hôte, toute réflexion faite, je vais vous laisser dix de mes hommes pour garder ce cher enfant.

—Bon, pensa le brave gentilhomme, voici dix bourreaux qui ne feront rien cette nuit.

Puis tout haut:

—J'allais vous les demander, dit-il avec flegme.

—Ils sont à votre service! s'écria Pernillet, vivent messeigneurs de Lorraine!

- 40 -

Et l'hôte redescendit et ordonna à dix de ses hommes, lesquels s'étaient armés durant le souper du gentilhomme, de demeurer dans la cuisine de l'hôtellerie pour veiller à la garde du précieux enfant.

En ce moment la première arquebusade retentit, et le fougueux Pernillet s'élança à la tête de ses soldats, armés pour le massacre, dans la direction du Louvre, qu'il gagna au moyen d'une grosse et lourde barque amarrée devant sa porte.

La nuit était devenue obscure pendant ce temps-là, et à peine si Gontran, qui avait repris son poste d'observation à la fenêtre, distinguait entre lui et le Louvre, illuminé comme pour une fête, le sillon blanchâtre de l'eau qui coulait au milieu. Tout à coup, il vit presque simultanément un point noir trancher sur ce sillon blanc et le couper lentement en deux, et quatre ou cinq des hommes qui étaient demeurés sur le seuil de l'hôtellerie pour garder l'enfant, se diriger vers la berge, sans doute parce que, comme lui, ils avaient aperçu le point noir.

Ce point noir, c'était le roi de Navarre qui, en sortant de l'eau et se retrouvant sur ses pieds, heurta un homme armé.

Le roi avait l'épée nue:

—Place! cria-t-il.

—Qui êtes-vous?

—Que vous importe!

Et le roi poussant une terrible estocade en avant, renversa l'homme qui roula sur le sol, la poitrine crevée et jetant un cri sourd.

Le roi fit un pas, mais un autre homme, puis un autre, et encore un autre lui barrèrent le chemin, et tous crièrent:

—C'est un huguenot! mort aux huguenots!

Le roi fit un pas en arrière, puis fondit sur le plus rapproché de ses adversaires et l'étendit raide mort.

—Place! cria-t-il une seconde fois.

Mais les cinq hommes qui restaient dans l'hôtellerie accoururent au secours des autres qui leur criaient:

—Des mousquets, apportez des mousquets!

Et, par la Vierge! comme on disait alors, c'en était fait du roi, si un nouveau personnage ne fût accouru l'épée haute et criant:

—Arrière! arrière! assassins!

Ce personnage était Gontran qui, oubliant tout à la vue de cet homme qu'on allait égorger sous ses yeux, avait sauté par la fenêtre et tombait comme la foudre au milieu des massacreurs!

CHAPITRE CINQUIÈME
V

Les massacreurs se retournèrent stupéfaits, et reconnurent le gentilhomme qui s'était annoncé dans l'hôtellerie comme écuyer de monseigneur le duc de Mayenne, et dont maître Antoine Pernillet leur avait fait un si grand éloge, en leur conseillant de tailler proprement leur besogne, car il aurait les yeux sur eux.

A sa vue ils reculèrent tout tremblants.

L'un d'eux cependant, plus hardi que les autres, s'écria:

—C'est un huguenot! mort aux huguenots!

—Taisez-vous! lui dit Gontran d'un ton impérieux.

Le massacreur intimidé se tut.

—Vous dites que c'est un huguenot?

—Oui, messire.

—Vous en êtes bien sûr!

—Dame! fit le massacreur, puisqu'il vient du Louvre.

—Est-ce à dire qu'il n'y a que des huguenots au Louvre? Le roi, la reine, les princes sont des huguenots, donc?

—Je ne dis pas cela... mais... mais... Au fait! murmura le bourgeois, la preuve que c'en est un, c'est qu'au lieu d'attendre que le passeur soit de retour, il s'est jeté à la nage.

—Cela prouve une seule chose: c'est qu'il était pressé...

—De fuir! fit le massacreur, qui était tenace et qui avait toujours la pointe de son épée au visage du roi.

—Non, dit Gontran, pas de fuir, mais de porter un ordre, mes maîtres, ajouta-t-il durement; vos épaules ont mérité cinquante coups de houssine chacune, car vous avez failli tuer un des meilleurs serviteurs de monseigneur le duc de Mayenne.

A ce nom, les massacreurs frémirent et poussèrent un cri de terreur:

—Grâce! murmurèrent-ils.

—Messire, continua froidement Gontran, s'adressant au roi, qui calme et le fer au poing, semblait attendre l'issue de la négociation de son protecteur inconnu; messire, veuillez me communiquer l'ordre que vous m'apportez, afin que ces braves gens soient bien convaincus qu'ils méritent une bastonnade.

Le roi qui avait saisi un imperceptible signe de Gontran se pencha à son oreille, et feignit d'y murmurer quelques mots.

—C'est bien, dit Gontran avec déférence. Suivez-moi!

Et il rentra dans l'hôtellerie, suivi du roi qui passa la tête haute au milieu des massacreurs tout tremblants.

Gontran gagna l'appartement où il avait laissé l'enfant endormi, et où il le retrouva dormant toujours.

Gontran ferma la porte, puis revint à lui:

—Messire, lui dit-il, vous êtes désormais ici en sûreté, et demain je vous escorterai où il vous plaira.

—Merci! dit le roi.

Et il s'assit, et de la croisée regarda, la sueur au front et l'angoisse au cœur, la flamme rouge qui s'élevait au-dessus des toits dans la direction de la rue Béthisy, et annonçait l'incendie de la maison de l'amiral.

Gontran, discret autant qu'il était brave, était revenu se placer au chevet du lit sur lequel le roi n'avait point jeté les yeux encore.

Il faisait nuit dans la chambre autant qu'au dehors; Gontran voyait à peine l'homme qu'il venait de sauver, mais il devinait qu'il était jeune, beau, de grande naissance, et il s'applaudissait de l'avoir arraché à la mort.

Le roi, lui, songeait vaguement au danger qu'il venait de courir, mais ce qui l'occupait, ce qui étreignait son cœur, et sa tête au point de l'isoler entièrement de son sauveur et des objets environnants, c'était ce massacre qui commençait et qu'il était impuissant à arrêter, comme il l'avait été à le prévenir.—C'étaient ses frères, ses sujets égorgés sans défense, son vieil ami l'amiral dont on brûlait la maison et dont on traînait par les rues le cadavre mutilé... C'était peut-être...

Le roi frissonna à cette pensée subite et, se retournant brusquement, vint à Gontran qui était toujours immobile et calme à son poste:

—Monsieur, lui dit-il, vous m'avez sauvé, merci! mais il faut que vous fassiez plus...

—Parlez, messire.

—J'ai une maîtresse...

—Ah! dit Gontran.

—Une maîtresse qu'on assassinera peut-être dans une heure...

Gontran tressaillit.

—Où est-elle? demanda-t-il.

—Monsieur, continua le roi, je suis un gentilhomme béarnais attaché au roi de Navarre et son ami. Le peuple de Paris me connaît, car il m'a vu souvent passer avec mon maître. Si j'essayais de faire cinquante pas dans la rue, je serais bien certainement arrêté au dixième.

Gontran regarda le roi et frémit.

—Or, continua le roi d'une voix que la douleur et l'angoisse rendaient sympathique et entraînante, je ne tiens pas à la vie, moi, mais j'aime ma maîtresse d'un ardent amour, et je veux la sauver à tout prix.

Gontran chancela.

—Vous êtes gentilhomme, monsieur, si je ne l'avais vu à votre costume, je le devinerais bien certainement à votre généreuse intervention, à laquelle je dois mon salut. Je suis huguenot et vous êtes catholique, mais nous sommes gentilshommes tous deux, et je m'adresse à vous loyalement, et je vous dis: Sauvez celle que j'aime!

—Je le veux bien, dit Gontran, mais comment?

—Vous êtes, je le vois, un des chefs du parti lorrain, vous êtes influent auprès des serviteurs de Guise, et vous pouvez aller jusqu'à elle, la couvrir de votre manteau et la ramener ici.

—Monsieur, dit Gontran dont la voix tremblait, vous voyez cet enfant!

—Oui, dit le roi, s'approchant du lit.

—Cet enfant m'est confié...

—Eh bien?

—Je réponds de sa vie sur ma tête; m'en répondez-vous sur la vôtre, si je m'expose pour sauver votre maîtresse?

—Sur l'honneur et foi de gentilhomme, dit le roi d'une voix sonore et grave, je m'engage à veiller sur cet enfant pendant votre absence et à me faire tuer avant qu'un cheveu tombe de sa tête.

Et le roi écartant Gontran se mit à sa place l'épée nue, dans cette fière et chevaleresque attitude qui lui était naturelle, et que nul roi peut-être ne retrouva après lui.

—C'est bien, dit Gontran, où est votre maîtresse?

—Connaissez-vous Paris?

—Presque pas.

—Avez-vous entendu parler des Prés-Saint-Germain?

—Oui, j'y suis allé.

—Eh bien! aux Prés-Saint-Germain, vous verrez une petite maison en briques rouges, adossée au rempart, vous heurterez à la porte et vous demanderez la maîtresse du logis, si déjà la maison n'est entourée de catholiques...

—Bien! dit Gontran prenant son manteau.

—Vous lui direz: Madame, suivez-moi, Béarn vous attend!

—Est-ce tout?

—Tout.

Gontran ceignit son épée, enfonça son chapeau sur ses yeux, puis, au moment de passer la porte, se retourna et dit au roi:

—Vous me répondez de l'enfant, n'est-ce pas?

—Sur mon honneur!

Gontran frappa le sol du pommeau de son épée. A ce bruit, deux des hommes qui étaient commis à la garde de l'enfant et buvaient aux cuisines, accoururent:

—Vous voyez ce gentilhomme? leur dit-il d'une voix brève et impérieuse, il me remplace ici. Tandis que je vais chercher des ordres, obéissez-lui comme à moi.

Les massacreurs s'inclinèrent et demeurèrent en dehors.

Gontran partit, emmenant deux autres des soldats de maître Pernillet.

Il avait eu soin de mettre un linge blanc à son bras, et ses deux compagnons portaient la croix des conjurés.

Partout ils trouvèrent le passage libre; la foule s'écartait devant eux avec respect ou terreur.

Ils arrivèrent ainsi aux Prés-Saint-Germain, et aperçurent la maison en briques rouges dépeinte par le roi.

Les prés étaient déserts, silencieux, la maison fermée et sans lumière aux croisées.

Gontran heurta violemment la porte, qui résista.

Il heurta une fois encore...

Même silence!

Alors il n'hésita plus; et bien que la porte fût en chêne ferré, il appuya contre elle ses robustes épaules, et d'un effort suprême, l'enfonça.

Il pénétra dans un vestibule obscur, gravit un petit escalier également plongé dans les ténèbres, traversa deux pièces désertes; puis, arrivé à une troisième, il trouva agenouillée dans un coin une femme blanche et froide que la terreur rendait muette, et qui versait des larmes silencieuses.

Cette femme était madame Charlotte de Sauve.

Elle avait appris une heure auparavant ce qui se passait, elle avait voulu courir à Paris, pénétrer jusqu'au Louvre, arriver au roi: elle avait été repoussée et refoulée par un flot de populaire qui criait: *Mort au Béarnais!* et elle s'était réfugiée dans sa maison que ses serviteurs venaient d'abandonner.

Là, dominée par la terreur, elle avait verrouillé toutes les portes et s'était réfugiée au coin le plus obscur pour y prier ardemment et demander à Dieu le salut de celui qu'elle aimait.

A la vue de Gontran et des deux hommes qui le suivaient, elle poussa un cri et ferma les yeux, croyant déjà voir sur son sein la pointe meurtrière d'une épée.

Mais Gontran alla vers elle et lui dit à l'oreille:

—Ne craignez rien... je viens vous sauver...

Et, comme elle le regardait d'un œil plein d'étonnement et d'épouvante, il suivit, toujours assez bas pour que les massacreurs ne le pussent entendre:

—Béarn vous attend!

—Il vit donc! s'écria-t-elle délirante.

—Silence! ne prononcez pas son nom...

—Mais où est-il?

—Suivez-nous, moi et ces hommes...

Charlotte se leva avec peine... elle était si brisée!

Gontran lui jeta son manteau sur les épaules et lui offrit son bras.

—Venez! dit-il.

Elle le suivit, à moitié folle, prononçant des mots entrecoupés, incohérents, que Gontran s'efforçait d'étouffer... Ils rentrèrent dans Paris; ils arrivèrent à peu près sans encombre jusqu'à l'endroit où s'élève maintenant la rue Jacob.

Mais là, un flot de populaire barrait le chemin. On assiégeait une maison de calviniste, et le calviniste se défendait avec l'énergie du désespoir; les balles ricochaient des fenêtres sur le pavé, les amis et les serviteurs du malheureux assiégé précipitaient sur les assiégeants tout ce qu'ils avaient sous la main, bahuts, vaisselle, pierres, candélabres.

Et ces objets déjà lourds, acquérant une pesanteur terrible par la distance qu'ils parcouraient dans leur chute, frappaient de mort ou étourdissaient ceux qu'ils atteignaient.

—Place! cria Gontran.

Mais la foule ne s'écarta point, la foule avait le délire, elle voyait rouge, elle avait les pieds dans le sang, elle voulait du sang encore.

—Place! répéta-t-il, place à l'écuyer du duc de Mayenne!

La foule entendit ce mot magique et s'écarta; mais au moment où Gontran, portant Charlotte dans ses bras, se trouvait à demi dégagé, une pierre lancée d'une croisée de la maison vint le frapper au front.

Charlotte le vit chanceler avec un nuage de sang sur le visage, puis pirouetter une seconde et tomber.

Un moment elle fut tentée de se pencher sur lui, d'essuyer le sang de sa plaie, de lui donner ces soins ardents dont seules les femmes ont le secret;— mais la foule hurlait et piétinait... la foule l'en sépara par une brusque ondulation.....

Elle le crut mort.

Alors, comme *il* l'attendait, comme elle voulait le voir et arriver à tout prix jusqu'à lui, elle se cramponna au bras des deux hommes qui escortaient Gontran et qui l'entraînèrent, croyant servir M. de Mayenne.

—C'était un fier soldat, dit l'un d'eux en parlant de Gontran, et messeigneurs les princes et madame la Vierge perdent gros à sa mort!

Telle fut l'oraison funèbre de Gontran.

CHAPITRE SIXIÈME
VI

Pendant ce temps, le roi veillait sur l'enfant qui dormait toujours, et de temps à autre il se penchait à la croisée et regardait avec anxiété, tantôt flamboyer la rue de Béthisy, tantôt étinceler les fenêtres du Louvre.

Il entendait retentir les cris de mort des massacreurs, et, à chaque minute, son nom mêlé à de terribles imprécations.

Puis son œil s'abaissait au bas de la croisée, et sur la grève toujours déserte, cherchait dans l'ombre une apparition, comme s'il eût voulu hâter de ses vœux l'arrivée de sa bien-aimée Charlotte.

Enfin apparurent trois ombres.....

Le roi frémit. Ils étaient partis trois, ils revenaient trois seulement, où donc était Charlotte?

Tout à coup il aperçut une robe blanche et il poussa un cri.

Cette robe, c'était la sienne sans doute.

Mais le roi avait au moment suprême un terrible sangfroid; il comprit qu'il devait son salut au quiproquo établi entre le gentilhomme et les hommes qu'il commandait, et modérant soudain sa joie, il reprit un visage impassible et calme.

C'était, en effet Charlotte qui arrivait, conduite par les deux massacreurs, et qui bientôt alla se jeter dans les bras de son royal amant.

Les deux massacreurs étaient respectueusement demeurés sur le seuil.

Par un sentiment de prudence, le roi ferma la porte sur eux, le premier élan de tendresse apaisé, il regarda autour de lui, chercha son sauveur des yeux, ne le vit point, et dit à Charlotte:

—Où donc est ce gentilhomme?

—Mort, dit Charlotte.

—Mort?

—Tué sous les fenêtres d'une maison assiégée.

Le roi chancela, passa une main fiévreuse sur son front, puis regarda l'enfant, dont le sommeil paisible n'avait point été interrompu:

—Pauvre enfant! murmura-t-il, j'ai juré de veiller sur toi. Je tiendrai mon serment, je serai ton père.

Et comme les cris de mort retentissaient toujours, et que, cependant, l'aube commençait à paraître, le roi songea que peut-être, dans une heure, la fuite ne serait plus possible, et appelant les deux massacreurs, il leur dit:

—Accompagnez-moi jusqu'à la porte Saint-Jacques, où je dois remettre cet enfant aux mains du capitaine Hector de Montaigu, ainsi que madame qui est sa mère.

Les deux massacreurs s'inclinèrent, croyant toujours servir la cause de M. de Mayenne, et le roi prenant l'enfant dans ses bras l'enveloppa de son manteau.

———

Au lever du soleil, la maison du calviniste était rasée. Un homme se dressa parmi les morts, passa la main sur son front alourdi, se souvint, et murmura:

—Mon Dieu! l'enfant?

Et, tout chancelant encore, cet homme se mit à courir, arriva à l'hôtellerie, pénétra jusqu'à la chambre où il avait laissé l'enfant endormi et poussa un cri terrible...

L'enfant avait disparu!

LE GANT DE LA REINE
I

Quinze jours après la rencontre des Cavaliers de la nuit à la tour de Penn-Oll, jour pour jour, heure pour heure, à minuit sonnant, les fenêtres du château royal de Glascow, en Écosse, s'illuminèrent comme par enchantement, et la ville, paisiblement endormie déjà, se réveilla aux notes harmonieuses d'un brillant orchestre.

La reine d'Écosse—cette belle et malheureuse Marie Stuart, âme faible et grand cœur, dont la cruauté de la reine d'Angleterre fit une martyre—la reine d'Écosse, disons-nous, donnait un bal de nuit à sa cour pour solenniser le mariage de l'Italien Sébastiani[1] avec Marguerite Carwod, une de ses filles d'honneur.

[1] Ce Sébastiani appartenait à une famille illustre de Corse, dont une branche émigra à la fin de la Renaissance et vint s'établir en Provence, où il en existe encore des descendants.

La reine, partie la veille d'Édimbourg, était arrivée le soir, la nuit tombant, à Glascow.

Elle avait dîné en tête-à-tête avec la comtesse de Douglas, sa dame de compagnie, et était demeurée enfermée avec ses ministres depuis huit heures jusqu'à onze, pour élaborer les bases d'un traité avec l'Angleterre touchant la délimitation exacte des frontières sur certains points des deux royaumes.

A onze heures, Sa Majesté avait renvoyé les ministres pour procéder à sa toilette.

A minuit, les portes des salles du bal avaient été ouvertes à deux battants, et le flot de courtisans s'y était engouffré aux préludes d'une valse.

Puis, la valse s'était éteinte, et alors, en attendant la reine et son époux, cent groupes divers s'étaient formés, remarquables par la pittoresque originalité et la différence variée des costumes.

Ici, un courtisan vêtu de soie abordait un lord militaire armé de toutes pièces; là, un laird des montagnes portant au flanc la longue claymore, et sur l'épaule le plaid rayé blanc et bleu;—plus loin, une dame d'honneur, adoptant le costume galant de la cour de France, causait avec une châtelaine du Nord, ayant conservé la jupe écossaise et la coiffure nationale.

Les groupes étaient bruyants, animés, joyeux ici, là soucieux, car depuis plusieurs années déjà de sombres nuages planaient sur le pays d'Écosse, amoncelés dans le lointain par la politique astucieuse de la reine d'Angleterre, qui trouvait toujours un sonore écho chez les lords et les bannerets, dont l'ambition ombrageuse s'accommodait mal des libéralités de Marie Stuart et de la confiance aveugle qu'elle était toujours prête à accorder à des étrangers, de préférence à ses propres sujets.

Le sombre drame du meurtre du chanteur Rizzio, assassiné par Douglas, Murray et le roi lui-même, aux pieds de la reine et dans son oratoire, n'était point encore oublié, et l'on sentait instinctivement que ce calme momentané, cette fête de l'heure présente ne serait point un lien de sécurité assez fort pour prévenir de nouvelles tempêtes.

Parmi les différents groupes d'où le rire et la discussion s'échappaient avec une sorte de volubilité fébrile, il en était un qui attirait les regards plus que tous les autres: il se composait de trois seigneurs éminents par leur opulente fortune, leurs titres et leurs dignités, la popularité dont ils jouissaient et une réputation d'audace bien connue.

L'un, et celui sur lequel les yeux de tous se portaient de préférence, était le comte lord de Bothwell, l'un des plus grands seigneurs terriens d'Écosse, jeune, beau, quoique d'un aspect farouche et cauteleux, audacieux jusqu'au crime, et professant un souverain mépris de la légalité, qu'il appelait d'ordinaire la *pierre d'achoppement des niais*.

L'autre était son beau-frère, le comte de Huntley.

Le troisième, lord Maitland, seigneur des Marches du sud, vendu depuis longtemps à Élisabeth.

Ces trois seigneurs s'entretenaient tout bas et avec feu, et ils avaient eu soin de se placer à distance des autres groupes, de manière à n'être point entendus. Seul, un jeune homme, un page, bien plutôt, car sa lèvre était vierge encore de tout duvet, ne se mêlait à aucun attroupement, ne parlait à personne et se tenait à demi appuyé à une des portes d'entrée, et jetant un mélancolique regard sur cette foule bariolée et étincelante d'armes, d'étoffes éclatantes et de pierreries.

Il pouvait avoir dix-huit ans et portait le costume éclatant des gardes de la reine.

Tout à coup l'œil rêveur de ce jeune homme s'illumina, et quittant le poste d'observation où il était, il courut à la rencontre d'un jeune homme enveloppé d'un long manteau brun, et qui venait d'entrer dans la salle du bal par une porte opposée.

Ce gentilhomme n'était point en costume de cour; ses bottes poudreuses, son feutre terni, les faveurs fanées de son justaucorps annonçaient qu'il venait de faire une longue route.

Il tendit la main au jeune homme et lui dit:

—Béni soit Dieu qui me fait te rencontrer, Henri!...

—Comment! te voilà, Hector?

—J'arrive, mon ami.

—Je le vois bien à ton costume.

Le gentilhomme eut un triste sourire:

—Mon costume n'est pas galant, n'est-ce pas?

—En effet...

—Et tu trouves que je suis bien hardi de venir au bal de la reine?...

—Ainsi costumé, oui, mon ami.

—Pauvre Henri, fit le gentilhomme avec un amer sourire, j'ai fait tant de chemin depuis huit jours! j'ai crevé dix chevaux, fait naufrage sur les côtes d'Angleterre, et j'ai failli, à deux lieues de Perth, être assassiné par des montagnards qui me traitaient de papiste.

—Mais qui te pressait donc ainsi? Et, d'abord, d'où viens-tu? Un soir, tu es parti sans faire d'adieux à personne, pas même à moi que tu aimes...

—D'où je viens? De Bretagne. Pourquoi y suis-je allé? mon ami, c'est un secret qui n'est pas le mien.

—Garde-le, en ce cas.

—Qui me pressait? Oh! tu le devines, n'est-ce pas? Huit jours loin d'elle, huit jours sans la voir! huit jours de transes mortelles, d'angoisses sans trêve, de souffrances sans nom!

—Tu l'aimes donc bien?

Le gentilhomme posa la main sur son cœur:

—Assez pour en mourir, dit-il sourdement.

—Et tu en mourras, mon ami, murmura tristement le jeune garde: l'amour d'un soldat pour une reine est chose qui tue!

—Je le sais.

Le gentilhomme prononça ces mots avec un accent de simplicité terrible et de vérité telle, que le jeune homme en tressaillit profondément et se tut.

Puis il reprit avec feu:

—Je sais bien que mon amour est chose insensée, et qu'entre elle et moi aucune puissance humaine ne comblera jamais l'abîme... je l'aime sans espoir, mais tel qu'il est, cet amour m'est cher... Nul ne le sait hormis moi, nul peut-être ne le saura. Elle ne l'apprendra jamais... mais je sais que j'ai une mission auprès d'elle, mission obscure, muette, que les événements peuvent rendre éclatante... Autour d'elle se pressent des ennemis dangereux: les uns veulent la déshonorer, les autres la dépouiller; tous veulent lui arracher un pouvoir qui leur fait ombrage... je suis là.

Et comme le jeune garde se taisait toujours, le gentilhomme reprit après une seconde de silence et de pénibles réflexions:

—Je sais bien que je ne suis qu'un soldat obscur, inconnu, sans autre fortune que l'espérance, sans autre puissance que mon épée..... Mais elle est lourde, va! et malheur à qui touchera à ma reine, malheur à qui me voudra briser mon idole!

—Tu te trompes, ami, dit le jeune garde, quand tu dis ne posséder ni or ni fortune. Mon or est à toi, mon épée aussi.

—Merci!

—Tu as quelques années de plus que moi, tu m'as presque servi de père dans cette maison où mon père te recueillit et d'où la mort l'arracha trop tôt. Un père est le maître chez son enfant, il dispose de lui, de sa bourse, de sa vie, de son intelligence, de son dévouement: prends, ami; tu es mon père, tout est à toi.

—Tu es noble et bon comme ton père, enfant, Dieu te vienne en aide! mais ce n'est point de l'or qu'il me faut pour veiller sur elle, ce ne sont pas des dignités et de riches habits. Plus je serai obscur, plus ma tâche sera facile.

Il y a un homme ici, un homme qui porte un noble nom et qui est aussi riche, aussi puissant, aussi redouté que je suis pauvre, faible et peu craint de tous. Cet homme cache un cœur vil, une âme criminelle, sous son pourpoint de gentilhomme; cet homme ne recule ni devant le poignard, ni devant le poison, ni devant cette arme terrible qu'on nomme la calomnie..... Cet homme..... regarde-le bien, Henry...

—Où est-il?

—Vois-tu, là-bas, ce groupe composé de trois seigneurs?

—Oui, Maitland, Huntley..... Bothwell...

—C'est lui.

Henry tressaillit.

—Il a un visage de tigre.

—Il est plus lâche que lui. Cet homme, Henry, poursuit depuis longtemps la reine d'un amour odieux... fatal... Cet homme ne reculera devant rien; pour posséder sa souveraine une heure, il bouleversera l'Écosse, il armera contre elle depuis le premier laird jusqu'au dernier vassal... il n'hésitera point à la traîner sur une claie d'infamie...

—Horreur!

—Regarde-le bien, Henry. Si mon poignard ne lui clôt la bouche, si ma main n'arrache sa langue à temps, la reine d'Écosse est perdue.

—Tu exagères, Hector...

—Non, de par Dieu! mon ami.... Je sais bien ce que je dis. Dieu me garde de calomnier! Aussi tu comprendras, n'est-ce pas? tout ce que j'ai souffert, tout ce que j'ai enduré d'angoisses depuis huit jours... huit siècles! pendant lesquels le monstre aurait pu triompher!

Je suis arrivé à Edimbourg. J'étais bien las, bien brisé. Mon cheval allait s'abattre. On m'a dit que la reine était partie pour Glascow avec sa cour. J'ai demandé si lord Bothwell était avec elle, et comme on m'a répondu que oui, j'ai demandé un autre cheval et je suis parti.

—Noble cœur! murmura Henry.

—Je suis arrivé ici, il y a dix minutes. Le château était illuminé, les abords gardés par les soldats, la cour encombrée de chevaux, de valets, de litières. On m'a dit que la reine donnait un bal.

Un moment j'ai hésité, un moment j'ai songé à entrer dans une hôtellerie pour y prendre un peu de repos, un pot d'ale, un morceau de venaison et secouer la poudre de mes habits; mais mon cœur et mon âme étaient bien autrement affamés que mon corps... je voulais la voir!

—Eh bien! dit Henry, tu vas être satisfait, car voici le héraut qui ouvre sa porte à deux battants.

En effet, le grand chambellan parut, sa baguette blanche à la main, sur le seuil de la porte opposée, laquelle communiquait directement avec les petits appartements, et cria d'une voix haute et solennelle:

—La reine!

La reine avait alors vingt-cinq ans environ; elle était de taille moyenne, svelte, un peu grassouillette. Ses cheveux, d'une admirable nuance châtain clair, étaient longs, abondants et relevés sur le front, suivant la mode française qu'elle avait adoptée à la cour de feu François II, son premier époux.

Elle avait à la lèvre un fier et bon sourire, plein de naïveté et de fermeté à la fois, mélange bizarre de l'ingénuité de la femme et de la dignité de la reine.

La reine entra d'un pas lent, grave, malgré son sourire, majestueuse sans raideur.

Elle s'appuyait au bras du comte Lenox, père du roi, vieillard vénérable dont l'œil pétillait de jeunesse, dont les cheveux blancs et la barbe grisonnante ombrageaient un visage encore sans rides, dont la taille robuste et souple défiait le poids des années.

—Henry, murmura le gentilhomme, s'appuyant sur le jeune garde, et tout pâle et défaillant; Henry, soutiens-moi...

—Du courage, ami!... répondit Henry, tout bas.

—Mon Dieu! fit le gentilhomme d'une voix émue, je la voyais cependant tous les jours... je m'étais habitué à ne plus pâlir... à ne plus chanceler... et parce qu'il y a huit jours... Mon Dieu! mon Dieu! qu'elle est belle!

Et le gentilhomme chancelait encore.

Mais soudain son visage s'empourpra, son œil eut un éclair de colère, et il se redressa hautain et fort. Lord Bothwell venait de s'approcher de la reine, devant laquelle il s'était incliné profondément.

Et la reine lui avait souri!

—Henry, murmura Hector,—car c'était bien, et nos lecteurs l'ont déjà deviné, ce beau et fier jeune homme aux moustaches blondes que nous avons vu recevoir les instructions paternelles à la tour de Penn-Oll,—Henry, l'as-tu vu?

—Oui, dit Henry frémissant.

—Elle lui a souri... Mon Dieu! mon Dieu! si elle allait l'aimer?

—Oh! fit Henry avec indignation.

—Ce n'est pas que je sois jaloux, va! reprit Hector; l'amour sans espoir ne peut l'être... Mais si elle l'aimait, c'est-à-dire si elle le croyait? Oh! malheur! Henry, car l'amour de cet homme est une bave qui souille ce qu'elle éclabousse... *Elle* serait perdue!

En ce moment, le grand chambellan ouvrit de nouveau les deux battants de la porte et annonça:

—Le roi!

Le roi était un pâle et beau jeune homme de vingt et un ans à peine, blond, mince, presque frêle et portant sur son visage les traces d'une débilité prématurée et d'une maladie mortelle. Depuis le meurtre de Rizzio, le roi était mal avec la reine qui ne lui pardonnait pas un tel scandale; il vivait loin d'elle, retiré, et il s'était choisi lui-même une résidence hors du château et des murs de Glascow, au milieu des champs.

C'était une petite maison composée d'un seul étage, entourée d'un parc, adossée à une verte colline et portant le nom de *Kirk of field*, c'est-à-dire l'Église champêtre.

Le roi avait appris l'arrivée nocturne de la reine à Glascow et désirant tenter une réconciliation, il lui avait envoyé son père sir Darnley, comte de Lenox, pour essayer ce rapprochement.

La reine avait répondu qu'elle verrait avec joie le roi venir à son bal.

Et le roi, tout malade qu'il fût, était venu en grande hâte.

La reine, entendant ce cri: «Le roi!» la reine, disons-nous, se retourna, quitta le bras du comte de Lenox, congédia d'un sourire lord Bothwell et s'avança vers sir Henry Darnley, son royal époux.

—Votre Majesté, lui dit-elle en lui donnant sa main à baiser, arrive tout à propos pour ouvrir le bal avec moi.

Le roi s'inclina et offrit sa main.

La reine prit cette main, la pressa doucement et dit tout bas au roi:

—Merci de votre empressement, monsieur.

—Vous ne m'en voulez plus? demanda timidement le roi.

—Non... Henry... fit-elle, appuyant avec une grâce charmante sur ce mot.

—Vous êtes bonne... Marie... murmura-t-il.

Et il pressa à son tour la belle main de la reine.

On n'attendait plus que les nouveaux époux.

L'huissier les annonça bientôt.

L'époux était un grand jeune homme, brun presque bistré, portant haut la tête et s'exprimant avec cette volubilité grâcieuse de geste et de paroles qui trahissait son origine méridionale.

L'épouse était blonde, élancée, l'œil bleu, les mains blanches, rêveuse et nonchalante.

On eût dit une fleur du nord s'appuyant à un vigoureux arbuste du midi.

L'orchestre s'éveilla; alors la reine dit au roi:

—Ouvrons le quadrille; venez!

Derrière Leurs Majestés, lord Bothwell était avec lord Maitland.

Bothwell montra alors, avec son mauvais sourire, la tête pâle du roi, et dit à lord Maitland:

—*Voilà un homme qui danse et qui mourra cette nuit.*

Ces mots avaient été dits bien bas, mais un homme les entendit, et cet homme recula et porta instinctivement la main à la garde de son poignard.

C'était Henry, le jeune garde du corps de la reine. Henry recula jusqu'à Hector qu'il avait laissé à deux pas, accoudé à un guéridon, dévorant du regard le moindre geste, le moindre sourire de la reine, et devinant qu'un rapprochement s'opérait entre les royaux époux; ce qui écartait Bothwell, au moins pour quelque temps.

—Hector, dit Henry d'une voix brève, écoute!

—Que veux-tu?

—Viens!

Il l'entraîna loin du centre des danseurs, dans une embrasure de croisée.

—Eh bien? fit Hector.

—Tu vois le roi?

—Oui.

—Il est bien pâle, n'est-ce pas?

—Oui, dit Hector.

—Il a l'air souffrant?

—Je le crois.

—Eh bien! *il mourra cette nuit.*

Hector fit un mouvement.

—Que veux-tu dire? murmura-t-il.

—Je ne sais pas si c'est un complot ou l'effet de la maladie; je ne sais pas si le roi mourra assassiné ou succombera à quelque brusque péripétie du mal, mais il mourra cette nuit.

—Tu es fou!

—Non, demande plutôt à lord Bothwell.

—C'est lui qui l'a dit?

—Oui, à lord Maitland.

Hector tressaillit.

—Quand cela? demanda-t-il.

—Tout à l'heure, j'étais derrière eux.

—Et... fit Hector, dont la voix tremblait et qui porta la main à son poignard comme Henry l'avait fait lui-même naguère, et tu es bien sûr, tu as bien entendu?

—Ils parlaient en excellent écossais.

Hector redevint pâle et les muscles de son visage se contractèrent.

—Ami, dit-il, la reine a souri à Bothwell, n'est-ce pas?

—Oui, dit Henry.

—Puis elle l'a quitté pour aborder le roi?

—Oui.

—Eh bien! retiens ceci: Bothwell a pris ce sourire pour un encouragement...

—L'infâme!

—Bothwell est convaincu que la reine l'aime ou est bien près de l'aimer...

—Oh! fit Henry que la colère suffoquait.

—Bothwell est riche, et il y a ici plus d'un montagnard avide, plus d'un courtisan ruiné qui ne demandent pas mieux que de recoudre leur bourse trouée avec la pointe de leur dague...

—Crois-tu? dit Henry frémissant.

—Enfant! murmura Hector avec une tendre pitié pour l'ingénuité du jeune homme.

Lord Bothwell paiera l'un ou l'autre, s'il ne l'a fait déjà... Lord Bothwell fera assassiner le roi cette nuit!

Henry ne répondit pas, mais il mit de nouveau une main sur sa dague, l'autre sur son épée et fit un pas dans la direction du roi, comme s'il eût voulu se ranger à ses côtés et lui faire, de sa poitrine, une cuirasse contre le fer des assassins.

—Attends donc! continua Hector, le retenant par le bras; écoute; sais-tu ce que rêve cet homme en ce moment?

—Que rêve-t-il? fit Henry, dont la lèvre enfantine devint menaçante.

—Il rêve, poursuivit Hector, le trône d'Écosse!

—O infamie!

—Et il espère l'avoir. La reine l'aime... il le croit du moins... et alors, comme pour les lâches et les traîtres, il n'est rien de sacré,—le roi mort, cet homme sera assez infâme, assez vil pour demander sa main à la veuve de l'homme qu'il aura fait assassiner.

—Si j'étais sûr de cela, fit Henry, je lui plongerais sur l'heure, dans la poitrine, la lame entière de mon épée.

L'œil d'Hector s'attachait toujours opiniâtrement sur lord Bothwell.

Tout à coup il tressaillit.

—Avec qui était-il? demanda-t-il à Henry.

—Avec lord Maitland.

—Et c'est à lui qu'il a dit...

—Oui...

—Où donc est lord Maitland, maintenant?

Ils le cherchèrent des yeux et ne le virent point; ils firent le tour du bal, plongèrent dans tous les groupes, errèrent de salons en salons... lord Maitland avait disparu!

—Cherche-le, dit Hector, fouille le château, et si tu le rencontres parlant, une bourse à la main, à quelque pauvre diable, tue-le! Moi, je reste ici, et je veille sur Bothwell.

Henry disparut.

Hector demeura à sa place, épiant les moindres mouvements de Bothwell, qui causait avec lord Murray de Tullibardine, se suspendant pour ainsi dire à ses lèvres, et cherchant à saisir le sens des paroles qu'ils échangeaient à mi-voix.

Quelquefois la reine, qui valsait avec Douglas, passait près de lui emportée sur le bras puissant du vaillant Écossais; sa robe l'effleurait, son haleine arrivait jusqu'à lui.

Et alors Hector abandonnait un instant de son tenace regard lord Bothwell, pour reporter un œil d'envie sur cette femme qu'il aimait et qu'un autre emportait dans ses robustes bras, aux stridentes mélodies de l'orchestre.

La reine adorait la valse.

La valse finit enfin..... Hector respira.

La reine prit le bras de Douglas et fit avec lui le tour de la salle.

Tout à coup elle essuya son front et murmura:

—Dieu! que j'ai chaud!

Douglas s'élança vers un guéridon et revint avec un plateau de sorbets et de confitures d'Orient, de ces confitures noirâtres dont Henri III avait toujours soin d'emplir son drageoir.

La reine se déganta de la main droite et prit son gant de la main gauche, pour saisir le hanap d'or ciselé que Douglas lui présentait.

Mais, soit distraction, soit qu'elle le fît à dessein, son gant lui échappa et tomba à terre.

Un homme était derrière la reine; il se baissa, prit ce gant, et le cacha lestement dans son pourpoint. C'était Bothwell.

Un homme était derrière Bothwell et le vit dissimuler le gant.

C'était Hector.

Bothwell alors fit un pas vers la porte et s'apprêta à sortir.

Hector devint pâle de colère, et, comme Bothwell, fit également un pas vers la porte et se disposa à le suivre. Mais la reine se retourna par hasard, aperçut Hector, remarqua sa pâleur, puis son habit poudreux, ses faveurs flétries, et, intriguée par cet étrange costume, vint à lui.

—Comment vous nommez-vous, monsieur? demanda-t-elle avec cette familiarité si digne et si bonne des souverains.

Hector s'arrêta muet, troublé, tremblant... Il oublia Bothwell, il oublia le monde...

La reine lui parlait.

CHAPITRE DEUXIÈME
II

Hector demeurait toujours immobile et muet.

—Comment vous nommez-vous? reprit la reine.

—Hector, madame, répondit-il enfin.

—N'êtes-vous pas dans mes gardes?

—Oui, madame.

—Et n'êtes-vous pas celui dont j'ai signé un congé il y a quinze jours?

—Oui, madame, balbutia Hector tout tremblant.

—Vous n'êtes donc pas parti?

—Je demande humblement pardon à Votre Majesté, j'arrive.

—Ah! dit la reine, et d'où venez-vous?

—De Bretagne.

—En si peu de jours?

—J'avais hâte de revenir auprès de Votre Majesté.

La reine sourit.

—Vous êtes un brave gentilhomme, dit-elle. Aussi, puisque vous arrivez de si loin, ai-je le droit de vous soumettre à une dernière épreuve...

Hector s'enhardit et osa regarder la reine.

—Vous allez, continua-t-elle, m'accorder une valse.

A cette proposition Hector chancela, pâlit plus fort encore, et faillit se trouver mal.

—Venez, dit la reine, venez, monsieur.

Elle lui offrit sa belle main qu'il osa serrer à peine, et elle l'entraîna vers l'orchestre, ivre, étourdi, ne sachant plus s'il rêvait ou veillait, s'il existait réellement, si réellement il allait valser avec la reine, ou bien s'il était le jouet de quelque hallucination, d'autant plus séduisante que le réveil en serait affreux.

La reine fit un signe aux musiciens, et se mit en place avec son valseur.

En ce moment les yeux égarés d'Hector se dirigèrent machinalement vers la porte, et tout aussitôt il eut un brusque mouvement nerveux, une de ces réticences inexplicables comme en fait seul éprouver un spectacle subit et inattendu.

Il venait d'apercevoir lord Bothwell qui quittait la salle du bal et s'esquivait.

Cette sortie de lord Bothwell, c'était le réveil du songe d'Hector, la réalité brisant le masque de la féerie, le ciel s'entr'ouvrant sous lui et le laissant choir sur la terre abandonnée un instant.

Lord Bothwell qui sortait, c'était le poignard levé sur le roi, le déshonneur suspendu peut-être sur la tête de la reine, comme une nouvelle épée de Damoclès!

Et Hector seul pouvait courir après lui, le poignarder dans un corridor et sauver peut-être l'existence entière de cette infortunée Marie Stuart, qui, bonne comme Louis XVI, loyale comme lui, fit tant de fautes par légèreté, tant d'inconséquences par bonhomie, qu'elle sembla tenter éternellement l'échafaud.

Seul avec Henry, Hector savait le secret de cet homme; seul il avait deviné son but ténébreux et le drame qu'il préparait.

Et Henry était sorti pour courir après lord Maitland—Henry ne revenait pas, et cependant Hector aurait pu, s'il eût été là, lui indiquer lord Bothwell d'un geste; et comprenant ce geste, Henry se fût attaché aux pas de l'assassin, il l'eût suivi lentement, dans l'ombre, comme le lynx suit sa victime, et à l'heure où cet homme aurait ouvert la bouche pour prononcer l'arrêt du roi, il l'eût frappé sûrement, sans pâlir et sans trembler.

Quant à lui, Hector, il valsait avec la reine, c'est-à-dire qu'il recevait un honneur que plus d'un lord puissant eût demandé à genoux sans pouvoir l'obtenir—un honneur qu'il ne retrouverait peut-être jamais comme sujet, un bonheur unique et sans lendemain pour un amant.

Et pourtant, puisque Henry n'était pas là, puisque Bothwell sortait, puisque la vie du roi était menacée, pouvait-il continuer à s'enivrer au bras de la femme animée de ce mystérieux parfum qui est le fluide de l'amour?

Ne devait-il pas s'arracher des bras de cette femme, et fuir pour suivre l'assassin?

Hélas! cette femme était une reine—cette femme, il l'aimait—cette femme, il l'enlaçait de son bras, il sentait sa tête penchée sur son épaule; il aspirait son haleine avec la volupté que mettrait un captif des plombs de Venise à respirer enfin l'air embaumé des champs;—cette femme l'étreignait de ses mains fébriles, l'entraînait malgré lui...

- 63 -

Et puis, s'arrêter, c'était faire un scandale, un scandale qui profiterait peut-être aux conjurés au lieu de leur nuire, en les avertissant des soupçons qu'on pouvait avoir et en les poussant ainsi à se hâter.

Hector songea à tout cela, toutes ces réflexions passèrent rapidement dans son esprit. Il capitula avec lui-même, se résignant à attendre la fin de cette valse infernale qui eût pu être pour lui une heure de bonheur céleste; et cette valse lui parut durer un siècle, l'orchestre lui sembla s'éterniser à plaisir, et quand enfin, au moment où il éteignait sa dernière note, son dernier et sonore soupir, il porta plutôt qu'il ne conduisit la reine sur un sofa voisin, une ombre reparut dans le sillon de lumière que la porte des salles de bal projetait dans les antichambres, et lord Bothwell rentra.

Hector pirouetta sur lui-même comme un homme ivre: il lui passa dans la gorge et dans le cœur un tel éclair de haine et de fureur à l'endroit de cet homme qu'il faillit aller à lui et le poignarder sur place.

Ce fut alors que Marie Stuart, indisposée sans doute par l'atmosphère brûlante du bal, sortit au bras de Douglas et se retira une demi-heure chez elle, congédiant son cavalier.

Pendant ce temps, Hector, redevenu maître de lui, continuait à s'attacher aux pas de Bothwell, épiant ses démarches et ses paroles.

Mais le noble lord avait une gaîté folle et une bonhomie qui eussent dérouté un chercheur de conspirations moins tenace et moins convaincu.

Peu après lord Maitland reparut—puis la reine, qui rentra et dansa une *écossaise* avec le roi. Puis enfin, comme trois heures sonnaient à l'horloge du château, le roi se couvrit, demanda son manteau, fit appeler ses gens et prit congé de la reine.

—Vous retournez à *Kirk of Field?* demanda la reine.

—Oui, répondit le roi; j'aime cette retraite.

—Eh bien! mon prince, je vais vous reconduire.

—Avec votre cour?

—Oh! non, presque seuls, comme des amants du petit peuple.

—Messieurs, continua la reine, s'adressant à ses gentilshommes, dansez avec ces dames une heure encore; dans une heure je reviendrai, et nous souperons.

Puis, avisant Hector, elle lui fit un signe.

Hector accourut.

—Monsieur, lui dit-elle, vous avez été mon valseur; vous allez être ma sauvegarde. Sa Majesté se retire à *Kirk of Field*, je l'accompagne, suivez-nous.

Hector s'inclina et prit son feutre et son manteau.

—Cherchez un gentilhomme des gardes qui vienne avec vous, ajouta-t-elle.

Hector tourna la tête pour obéir, aperçut Henry qui, après une course infructueuse à travers le château, rentrait dans le bal, où lord Maitland l'avait précédé, et lui fit signe de le suivre.

Le roi et la reine sortirent accompagnés par Hector, Henry, le comte de Lenox et Douglas.

Le valet de chambre du roi les précédait.

Bothwell et Maitland se rejoignirent.

—Pourvu, dit Bothwell, que la reine ne s'attarde pas chez le roi.

—Non, dit Maitland; mais à tout hasard, on ne mettra le feu à la mèche que lorsqu'elle sera partie.

—Et le gant?

—Il est placé.

—Croyez-vous qu'on ait remarqué la première absence de la reine?

—Oh! très certainement. Cette absence nous sert à souhait.

CHAPITRE TROISIÈME
III

Leurs Majestés montèrent en litière avec Douglas et le comte de Lenox, père du roi.

Hector et son compagnon enfourchèrent les premiers chevaux sellés qu'ils trouvèrent, et se placèrent aux deux portières.

Le trajet du château à *Kirk of Field* était court, vingt minutes au plus en allant à pied.

Le convoi royal en franchit la distance en un quart d'heure; Leurs Majestés mirent pied à terre à la grille du parc et laissèrent leur litière.

La reine donnait le bras au roi.

Le roi était expansif, radieux, plein d'espérance malgré ses souffrances continues.

La reine s'abandonnait à une causerie charmante, folle, enfantine, qui ravissait le vieux Lenox, dont le cœur paternel avait souffert de la rupture momentanée des deux époux.

Les deux gardes-du-corps cheminaient derrière, à distance respectueuse, au pas de leurs chevaux et penchés sur leur selle pour se pouvoir entretenir à voix basse.

—Tu n'as donc pas pu joindre Maitland?

—Non.

—Où le misérable est-il allé?

—Je ne sais.

—Et comment prévenir...

—Il faut rester ici...

—Non, non, dit Hector, il vaut mieux suivre la reine à son retour à Glascow et ne pas perdre de vue Bothwell et Maitland, ou plutôt...

—Ou plutôt? fit Henry.

—Tu resteras, toi; tu te cacheras dans le parc, derrière un arbre ou un mur, n'importe où...

—Bien...

Hector mit la main dans ses fontes, en tira deux pistolets dont il vérifia scrupuleusement les amorces, et les tendit à Henry:

—J'en ai aussi, dit Henry.

—Prends toujours. Passe-les tous quatre à ta ceinture, sous ton manteau.

—Après?

—Tu te tiendras à distance de la maison; tu auras l'œil fixé sur les portes et les fenêtres, et le premier homme qui se glissera dans l'ombre et y voudra pénétrer, tu feras feu.

—S'ils sont plusieurs, que ferai-je?

—Tu as la vie de quatre hommes dans tes mains, tu vises juste et ces pistolets sont longs.

—Mais si les assassins sont dans la maison?

—Oh! dit Hector, nous allons bien voir. Je n'en sortirai qu'après avoir fait la plus minutieuse des perquisitions.

Ils étaient arrivés à la porte de l'ermitage du roi.

C'était une pauvre demeure, meublée sans faste; une retraite de gantier ou de forgeron retiré bien plus qu'une habitation royale.

Le roi en ouvrit lui-même la porte et livra passage à la reine, qui entra la première.

Les royaux époux allèrent droit à la chambre à coucher du roi, s'assirent un moment avec le vieux Lenox et Douglas, tandis que les deux gardes demeuraient respectueusement à la porte.

Puis la reine se retira avec son beau-père et le lord.

—Madame, dit alors Hector, voulez-vous me faire une grâce?

—Parlez, dit gracieusement la reine.

—Quand le capitaine des gardes de Votre Majesté prépare ses logis dans un château royal, il a pour habitude de faire une sévère perquisition des celliers aux combles. Me permettrez-vous d'en faire autant ici?

—Je vous le permets, monsieur, dit la reine en riant, mais je crois que c'est parfaitement inutile.

—Il y a toujours un poignard levé sur les rois, murmura Hector d'une voix, profonde.

La reine tressaillit:

—Vous avez raison, dit-elle. Visitez cette maison.

Douglas et Lenox applaudirent à cette mesure; et les deux gardes, une torche d'une main, l'épée de l'autre, parcoururent la maison, fouillèrent armoires et bahuts et jusque sous le lit du roi.

La maison était entièrement vide, et la reine en sortit avec son escorte, laissant le roi et son domestique couchés dans la même pièce.

A la grille du parc la reine remonta en litière, et Hector remit le pied à l'étrier, laissant à Henry la garde de l'ermitage de *Kirck of Field*.

La reine rentra dans le bal. Son entrée fut accueillie par des vivats et des applaudissements.

Elle dansa une heure encore; puis à quatre heures et demie, comme la prime aube commençait à glisser indécise sur les sommets neigeux des montagnes, les portes de la salle du souper furent ouvertes et on se mit à table.

La reine plaça lord Douglas à sa droite et lord Bothwell à sa gauche; elle fut d'une gaîté folle, et accepta les galanteries de Bothwell avec une complaisance qui fit plus d'une fois pâlir Hector, placé assez près d'eux pour tout voir.

—Le roi est bien obéissant à ses médecins, dit lord Douglas, et il renonce de bon gré à un souper exquis...

—Milord, dit la reine avec enjouement, le roi ne veut pas mourir.

—Il mourra cependant, dit Bothwell.

La reine tressaillit:

—Que voulez-vous dire, milord?

—Mais, fit Bothwell en riant, je veux, dire qu'un jour viendra où il se couchera, suivant la loi commune, dans le cercueil de ses ancêtres.

—Puisse ce jour être loin! milord.

—Oh! dit Bothwell se mordant les lèvres, espérons-le; d'ailleurs, l'amour de Votre Majesté est un firman de longue vie.

—Vous êtes un flatteur, milord.

—Votre Majesté me fera, j'espère, la grâce de croire à ma sincérité.

—Eh bien! dit la reine, puissiez-vous dire vrai. Le roi deviendra centenaire à ce compte, et mes sujets avec lui.

Une contraction fébrile tourmenta le visage de Bothwell, qu'épiait toujours Hector avec une ténacité implacable.

Tout à coup un fracas terrible ébranla les murs de la salle et fit tressaillir le château tout entier sur ses antiques assises, en même temps qu'une lueur immense, apparaissant à l'horizon par toutes les croisées entr'ouvertes, pâlissait l'éclat des lustres et éclairait de son rougeâtre reflet les montagnes, le golfe et la ville entière de Glascow.

On eût dit le bouquet colossal d'un feu d'artifice sorti des mains d'arquebusiers géants!

La reine poussa un cri de frayeur, les lords pâlirent et se regardèrent avec stupeur, plusieurs femmes s'évanouirent...

Et quant à Hector, qu'un sombre pressentiment agitait, il fut obligé de se cramponner à la table pour ne point tomber à la renverse.

Le premier moment de stupeur évanoui, on se précipita aux croisées; on interrogea l'horizon.

Mais la flamme mystérieuse s'était éteinte, les collines, le golfe, la ville étaient rentrés dans l'ombre, et l'on n'apercevait plus dans le lointain d'autre lumière que la lueur tremblotante de l'aube caressant la croupe frileuse des hautes montagnes.

Ce fut, pendant dix minutes, un singulier tumulte, une affreuse mêlée, un incohérent échange de questions précipitées, de suppositions absurdes, de commentaires de toute espèce...

Et comme la terreur glaçait encore la plupart des convives, quelques-uns à peine songèrent à s'élancer au dehors et à s'enquérir de la cause de cet étrange fracas et de cette infernale lueur.

La reine retrouva bientôt son sangfroid et s'adressant à quelques gentilshommes:

—A cheval! messieurs, à cheval! dit-elle. Courez dans toutes les directions s'il le faut, mais apportez-moi sur-le-champ des renseignements sûrs, et positifs!

On se précipitait de tous côtés, déjà on s'engoufrait en flots tumultueux sous toutes les portes, quand un jeune homme pâle, défait, haletant, entra et cria:

—La maison du roi vient de sauter!

La reine jeta un cri, ce cri trouva un profond et douloureux écho partout, et Hector chercha des yeux lord Bothwell pour le poignarder.

Lord Bothwell avait disparu!

A cette foudroyante nouvelle succéda une minute de morne et terrible silence, rempli d'angoisse et d'oppression, puis la reine s'écria:

—Le roi? le roi est-il sauvé?

—Je ne sais... dit le jeune homme... J'ai vu la flamme... les décombres... je ne sais rien... je suis accouru... voilà tout!

—Mon Dieu! mon Dieu! murmura la reine en délire.

—Mon fils! hurla le vieux Lenox en s'élançant hors de la salle.

Cet exemple rendit à la reine abattue un peu d'énergie.

Elle se leva, suivit le vieux Lenox, demanda un cheval et se précipita au galop vers *Kirk of Field* avec une trentaine de gentilshommes parmi lesquels était Hector.

On eut atteint en dix minutes l'emplacement où s'élevait naguère la retraite du roi.

Alors à la clarté naissante du jour, un affreux spectacle s'offrit aux yeux.

La maison avait disparu;—à sa place et sur un rayon de cent mètres la terre était jonchée de décombres fumants, de poutres noircies, de pierres calcinées, de meubles brisés et épars.

A l'endroit même où la maison était bâtie, apparaissait une crevasse béante, un boyau crevé qui allait s'enterrant à plusieurs mètres de profondeur et se dirigeait vers Glascow.

Au fond de la crevasse se trouvaient les débris de trois énormes barils qui avaient dû être remplis de poudre. La maison avait sauté au moyen d'une mine qui communiquait avec Glascow.

Un cri de vengeance et de réprobation s'éleva comme un ouragan parmi les spectateurs de ce lugubre drame,—on se demandait quel pouvait être l'assassin;—plusieurs noms d'exilés coururent dans la foule accompagnés de sourdes imprécations, et ces imprécations se changèrent en cris de mort quand on eut retrouvé dans un champ voisin le corps du roi intact, mais privé de vie.

A la vue de ce cadavre, la reine s'évanouit, et Hector qui, seul, connaissait le secret du drame, la reçut et la soutint dans ses bras.

Le vieux Lenox, sombre, muet, cherchait parmi les décombres une trace, un vestige qui pût guider une enquête sur les coupables.

Ce vieillard n'avait pas le temps de pleurer son fils,—il voulait avant tout le venger.

Douglas l'aidait dans ses recherches.

Ils descendirent tous deux dans le boyau, puis arrivés à l'endroit où la crevasse cessait pour redevenir souterrain, ils demandèrent des torches et s'y engagèrent, suivis par la foule et l'épée à la main. Tout à coup, Douglas poussa un cri, étendit le doigt et s'arrêta.

Le vieux Lenox suivant du regard la direction de ce doigt, aperçut, gisant sur le sol, un objet blanc et se précipita dessus.

Cet objet était un gant!

Une rumeur terrible s'éleva.

—A qui donc était ce gant?

Ce gant ne portait de marque, mais il était bien petit, bien frais, pour avoir pu recouvrir une main de soldat et même de gentilhomme.

C'était un gant de femme!

La foule rebroussa chemin pour demander à la clarté du jour la possibilité d'une enquête, que la lueur des torches lui refusait, elle revint sur ses pas jusqu'à l'endroit où la reine était tombée évanouie.

La reine avait repris ses sens.

Elle demanda ce gant, avide qu'elle était de vengeance. Comme les autres, elle le prit, l'examina... et jeta un cri.

Ce gant, c'était le sien!

C'était celui que, pendant le bal, elle avait ôté pour prendre un gobelet sur le plateau présenté par Douglas.

Elle ne le dit point cependant, mais Douglas le reconnut.

Douglas déganta silencieusement son autre main, puis il mit les deux gants à côté l'un de l'autre, et dit froidement:

—C'est le gant de la reine, et peut-être va-t-elle nous expliquer...

—Des explications? fit la reine foudroyée, je ne sais pas... je ne comprends rien... j'ai perdu mon gant dans le bal... voilà tout.

Et comme la reine suffoquait, anéantie, se taisait, et qu'un morne silence s'établissait parmi les courtisans et les seigneurs accourus, Douglas reprit:

—Madame, on vous aura volé votre gant... ou bien...

Douglas s'arrêta, et ce silence d'une seconde pesa d'un poids terrible sur toutes les poitrines...

—Ou bien, reprit Douglas dont la parole était brève et glacée autant que son regard était flamboyant, vous l'aurez donné vous-même à celui qui a pénétré dans ce souterrain.

—Horreur! dit la reine.

Mais un troisième personnage intervint alors dans le colloque; celui-là était terrible d'attitude, et il redressait comme un Dieu courroucé sa grande taille voûtée par l'âge.

Il s'avança jusqu'à la reine, et lui dit:

—Moi, comte de Lenox, je t'accuse, toi, Marie Stuart, reine d'Écosse, d'avoir assassiné le roi, ton mari, qui était mon fils!

Mais, à cette voix foudroyante, une autre voix, non moins superbe, non moins retentissante, non moins convaincue, s'écria:

—C'est faux! la reine est innocente.

Et comme un cavalier arrivait à la grille du parc, le gentilhomme qui venait d'élever la voix l'aperçut et s'écria:

—Attendez! vous tous qui accusez, la lumière va se faire!

Et il s'élança, tête nue, sans armes, mais l'œil enflammé, à la rencontre de lord Bothwell qui accourait.

Cet homme, c'était Hector.

CHAPITRE QUATRIÈME
IV

Lord Bothwell avait été un de ceux qui, montant à cheval au moment où la reine l'ordonnait et demandait des renseignements, s'étaient précipités hors du château et dans des directions différentes.

Lord Bothwell, mieux que personne, savait où la catastrophe avait eu lieu; il avait jugé prudent de prendre une route opposée et de n'arriver sur le théâtre du drame qu'après le premier acte.

Il était à cent mètres encore du groupe formé autour de la reine, lorsque Hector l'atteignit et sauta brusquement à la bride de son cheval, qu'il arrêta court.

Le premier mouvement de lord Bothwell fut de porter la main à ses fontes, et de brûler la cervelle à l'homme assez insolent pour saisir la bride de son cheval.

Mais Hector cloua sa main ouverte sur le pommeau de sa selle, et lui dit:

—Savez-vous ce qui se passe, monsieur?

—Non, dit Bothwell, baissant involontairement les yeux sous le regard ardent du gentilhomme.

—On a assassiné le roi.

—Ah! fit Bothwell feignant une surprise douloureuse et profonde.

—On l'a fait sauter au moyen d'une mine.

—Dieu!

—Et savez-vous qui l'on accuse?

Une pâleur livide monta au front de Bothwell.

—Qui donc? demanda-t-il.

—La reine!

—C'est impossible...

—Rien n'est plus vrai. Et savez-vous?...

—Quoi? Parlez!

—On l'accuse, parce que dans le souterrain, à l'entrée de la mine, on a trouvé un gant...

Bothwell frissonna sur sa selle.

—Ce gant était le sien...

—Impossible!

—Et ce gant, elle l'avait ôté au bal.

Bothwell attacha son œil perçant sur Hector et se demanda si cet homme ne tenait point son secret.

—Elle l'avait ôté, poursuivit Hector, au moment où lord Douglas lui présentait un sorbet...

Bothwell frissonna plus fort...

—Puis elle l'avait laissé choir...

Bothwell prévit le coup qu'allait lui porter Hector; volontairement ou non, sa main se porta de nouveau sur les fontes de sa selle pour y chercher un pistolet et casser la tête à celui qui en savait trop.

Mais Hector qui lui tenait une main déjà saisit celle qui restait libre et la serra si fort que le lord en jeta un cri.

—Or, continua-t-il, sans prendre garde à ce cri, ce gant est tombé... un homme s'est baissé et l'a ramassé... et puis il l'a caché dans son pourpoint...

—Et, demanda impudemment Bothwell, quel est cet homme?

—Vous le savez bien, milord...

—Moi?

—Oui, vous!

—Et comment voulez-vous que je le sache?

—D'une façon bien simple; cet homme, c'était...

—C'était? fit lord Bothwell avec un calme inouï.

—Milord, dit froidement Hector, vous êtes un grand misérable, car cet homme, c'était vous!

—Vous mentez!

—C'est vous qui mentez! C'est vous qui êtes l'assassin du roi... C'est vous qui vous êtes emparé du gant de la reine pour le jeter dans le souterrain, et faire planer sur elle les soupçons qui auraient pu s'arrêter sur vous...

—Monsieur, interrompit Bothwell, devenu tout à coup, par un de ces brusques revirements de l'intelligence, complétement maître de lui; monsieur, permettez-moi de me défendre sur un point...

—Lequel?

—Je n'ai jamais eu l'intention de faire accuser la reine.

—Vous êtes un lâche! Pourquoi jeter ce gant dans le souterrain?

Lord Bothwell eut l'audace de regarder Hector fixement:

—Monsieur, lui dit-il, si je vous avoue que je suis l'assassin du roi, et qu'ensuite je vous confie un secret... me croirez-vous?

—Vous avouez donc?

—Oui.

—Vous êtes un monstre; mais parlez, je vous croirai.

—Monsieur, reprit Bothwell avec calme, je n'ai pas jeté le gant de la reine dans le souterrain, je l'y ai laissé tomber en m'enfuyant quand j'ai eu mis le feu à la mèche qui devait brûler une heure.

—Ah! fit Hector soulagé.

—Ce gant que la reine a laissé choir m'était destiné...

Un ouragan de colère passa dans la gorge d'Hector:

—Vous mentez! s'écria-t-il; vous êtes un infâme!

—C'était un signal, dit froidement Bothwell.

—Un signal! mais pourquoi, dans quel but?

—La reine me disait par là que l'heure était venue.

—Quelle heure?

—Mais... de faire sauter le roi...

—Infamie et calomnie!

—Monsieur, vous êtes jeune; vous ne comprenez rien à la politique.

Ces mots prononcés froidement, sans aigreur, avec le calme navrant de la conviction, entrèrent au cœur d'Hector comme une lame d'acier.

Un instant il pirouetta sur lui-même et chancela foudroyé;—un instant son amour se trouva mis à une torture sans pareille par cette révélation inattendue.

Alors il se souvint que la reine avait souri à Bothwell plusieurs fois, qu'ensuite elle s'était montrée bien affectueuse pour le roi, si l'on songeait au meurtre récent de Rizzio...

Durant quelques secondes, il crut aux infâmes paroles de Bothwell, et il crut voir la terre s'entr'ouvrir sous ses pieds pour l'engloutir, le ciel descendre sur sa tête pour l'écraser...

Un siècle de douleurs sans nom, de brûlantes angoisses, de mépris terribles, d'illusions brisées passa devant ses yeux durant ces quelques secondes.

Enfin il s'écria:

—Mais on l'accuse, monsieur, on l'accuse!

—C'est une fatalité, dit froidement Bothwell.

—Mais elle n'est pas coupable, elle ne doit pas l'être!

—Qu'y puis-je faire?

—Tout avouer et prendre tout sur vous.

—Vous voulez donc m'envoyer à l'échafaud?

—La reine ira.

—Non, car je la sauverai.

—Vous la sauverez!

—Oui.

—Vous détournerez jusqu'au moindre soupçon?

—Je vous le jure.

—Nul ne la croira... nul ne la pourra croire coupable?...

La voix d'Hector tremblait.

—Non, dit tranquillement Bothwell.

—Tous ces hommes qui l'accusent, tous ces sujets hardis dont la voix est grosse de menaces et d'insultes, se tairont?

—Ils se jetteront à genoux et demanderont grâce et pardon!

—Et quand disculperez-vous la reine?

—Sur-le-champ;—venez avec moi, et me laissez parler.

Et lord Bothwell poussa son cheval et arriva jusqu'à la reine, qui tressaillit à sa vue et jeta les yeux sur lui ainsi que sur un défenseur.

Hector l'avait suivi.

—Milords et messieurs, dit Bothwell, je me nomme Georges de Bothwell, je suis, par les femmes, de sang royal, et ma parole n'a jamais été mise en doute.

On le regarda avec étonnement.

—Un crime vient d'être commis, continua-t-il; notre roi bien-aimé vient de périr, victime d'un lâche assassinat.

Un murmure d'approbation couvrit ces paroles. Bothwell continua:

—Une fatalité inouïe vous fait accuser votre reine.

Un second murmure, respectueux encore, mais menaçant, se fit entendre.

—Eh bien! moi, comte de Bothwell, j'affirme sur la foi du serment que la reine est innocente!

Un poids énorme sembla être enlevé de chaque poitrine, la reine poussa un cri de joie et regarda son défenseur avec une expression de gratitude indicible.

Seuls, deux hommes, les deux accusateurs de la reine, Douglas et Lenox, ne partagèrent point ce sentiment général, et Lenox s'adressant a Bothwell, lui dit:

—Il y a cependant un coupable... Il y a cependant un assassin..... d'où vient donc ce gant? le gant de la reine... car il est bien à vous, n'est-ce pas, madame?

—Oui, dit la reine que l'angoisse reprenait.

—Ce gant, dit Bothwell, je vais vous en expliquer l'origine. La reine l'a ôté dans le bal en prenant un hanap de vos mains, lord Douglas...

—Je m'en souviens.

—Ce gant est tombé sur le sol..... un homme l'a ramassé...

Hector respira et attacha sur Bothwell un œil étonné et curieux.

—Cet homme, poursuivit Bothwell, avait à se plaindre du roi; cet homme est l'assassin du roi.

Hector regarda Bothwell avec enthousiasme et se dit:

—Il a plus de courage que je ne croyais; il expie son crime par un grand dévoûment...

—Cet homme, continua l'implacable Bothwell, a voulu perdre la reine et se sauver en la perdant; après avoir mis le feu à la mèche, il a jeté le gant de la reine dans le souterrain.

Un cri d'indignation retentit.

—Et... fit Douglas en attachant sur Bothwell son regard d'aigle, quel est cet homme?

Bothwell promena son regard dans le cercle, puis dit lentement avec calme, sans aucune altération dans la voix:

—Sur mon âme et conscience, jurant devant Dieu et les hommes que je dis l'exacte vérité, et prêt à soutenir mon dire en lit de justice ou en champ-clos épée au poing et dague aux dents,—cet homme, le voilà!

Et il tendit la main vers Hector qui recula foudroyé et ne put trouver un mot, un geste, un signe, pour dire à cet homme:

—Tu mens!

La reine jeta un cri,—un cri d'étonnement, presque un cri de joie.

La joie est d'un égoïsme féroce.

Cette joie acheva de glacer le cœur d'Hector;—mais en même temps et sous le coup d'une accusation aussi terrible, un grand jour se fit dans son esprit; il comprit au sangfroid atroce de Bothwell que lui seul était coupable, que la reine était innocente...

Que lui importait le reste maintenant? Que lui faisait cette accusation, cette infamie qu'on lui jetait au front pour ternir sa loyauté? Elle était innocente! Il pouvait l'aimer encore!

Vingt glaives se levèrent sur sa poitrine, il eût été frappé de cent coups différents, si Douglas n'eût étendu entre la foudre et lui son robuste bras, disant:

—Je demande que l'on m'écoute!

Et comme on obéissait toujours à Douglas, la foule s'écarta:

—Milord, dit Douglas à Bothwell, l'assassin que voilà vous a sans doute avoué son crime?

—Là, tout à l'heure! dit Bothwell.

—Et vous a-t-il dit à quelle heure, en quel temps il avait incendié la mèche?

—Une demi-heure avant le départ du roi.

—Vous en êtes certain?

—Très certain.

—Eh bien! dit Douglas, cela est entièrement faux, car ce jeune homme, que je n'ai pas perdu de vue une minute, est demeuré constamment dans la salle de bal, tandis que la reine, tandis que vous-même, lord Bothwell, vous êtes sortis tour à tour. A ces mots acérés, froids, prononcés par l'impassible Douglas, Bothwell tressaillit et pâlit; la foule le regarda avec stupeur, et Hector, ranimé par ce secours inespéré, releva la tête.

Il regarda la reine.

La reine pâle, tremblante, le regardait aussi; enfin elle murmura:

—Je suis sortie du bal, mais pour rentrer chez moi. J'y ai laissé ce jeune homme, je l'y ai retrouvé; je crois, en effet, qu'il n'est pas sorti.

La reine perdait Hector en voulant le sauver. Hector faillit mourir de joie en la voyant élever la voix pour le défendre. Il poussa le dévoûment chevaleresque jusqu'à la folie, car il dit, sachant bien que Bothwell était un monstre qui déshonorerait la reine sans scrupule:

—Votre Majesté se trompe, je suis sorti dix minutes; c'est moi, c'est bien moi qui ai tué le roi!

Douglas recula stupéfait, mais son œil perçant se riva au front d'Hector, et il devina tout:

—Marie Stuart, reine d'Écosse! s'écria-t-il, et toi, lord Bothwell, je vous accuse tous deux d'avoir assassiné, de complicité, sir Henry Darnley, comte de Lenox et roi d'Écosse! Je me porte garant de l'innocence de ce jeune homme, et je vais convoquer un lit de justice de la noblesse écossaise pour juger les coupables! Ce jeune homme sera provisoirement détenu. Qu'on l'arrête!

La reine pouvait se sauver en se jetant au bras de Douglas, en repoussant Bothwell avec mépris. La reine ne le fit point. Elle ne vit dans le premier qu'un accusateur, dans l'autre qu'un soutien. Elle prit le bras de Bothwell, se leva et dit à Douglas, avec une dignité et une fierté suprêmes:

—Je suis prête à paraître devant mes juges, mylord, et je vais les attendre sous la protection de l'homme que vous appelez mon complice, et qui est innocent comme moi!

Hector jeta un cri terrible à ces paroles; il se précipita sur la reine pour lui parler, pour la retenir;—et, la voyant s'appuyer sur Bothwell, il sentit qu'elle était perdue...

Mais la reine le repoussa et Hector revint, anéanti, rendre son épée à sir Murray de Tullibardine, capitaine des gardes, qui l'arrêta.

En ce moment Henri s'approcha:

—Ami, lui dit tout bas Hector, tu vas monter à cheval à l'instant.

—Oui, dit le jeune homme.

—Tu iras à Madrid à franc étrier, tu demanderas un gentilhomme du roi d'Espagne, nommé don Paëz, et tu lui diras:

—Votre frère d'Écosse est en péril... il vous attend... hâtez-vous!...

—Bien, dit l'enfant.

—Ensuite, tu t'embarqueras pour Naples, tu demanderas un autre gentilhomme, nommé Gaëtano, et tu lui diras pareillement:

—Votre frère d'Écosse est en péril... accourez... il vous attend.

Et puis tu reviendras par la Lorraine, et à Nancy tu t'informeras du logis du seigneur Gontran, l'écuyer du duc de Mayenne, et, quand tu l'auras trouvé, tu lui répéteras pareillement:

«Seigneur, votre frère d'Écosse est en péril... accourez!»

—Oh! presse-toi, ajouta Hector, ne ménage ni l'or ni la sueur... il faut que la reine soit sauvée!

FIN DU PREMIER VOLUME.

Milton Keynes UK
Ingram Content Group UK Ltd.
UKHW042107131124
451149UK00006B/693